Praxishandbuch Buchmarketing
Wie Sie Ihr Buch erfolgreich vermarkten
und als Autor bekannt werden

Tanja Rörsch

Praxishandbuch Buchmarketing

Wie Sie Ihr Buch erfolgreich vermarkten
und als Autor bekannt werden

© 2016 mainwunder

www.mainwunder.de

ISBN: 978-3-0005247-1-4

Lektorat: Corinna Rindlisbacher
Korrektorat: Rebecca Humpert, www.rebecca-humpert.de
Umschlaggestaltung: Juliane Schneeweiss, www.juliane-schneeweiss.de
Grafiken © Depositphotos.com/mheldvector/lifeking83
Satz: ebokks, Hildesheim, www.ebokks.de
Druck: Books on Demand GmbH, Norderstedt

Inhaltsverzeichnis

Vorwort   9

Einleitung   11

Der Buchmarkt heute   13

Buchmarketing   17

Wirkung und Nutzen   21
Die Kosten   23
Der Marketingmix   24
Marketing-Grundregeln   26
Sind Sie bereit für Buchmarketing?   29
Zusammenfassung   30

Selfpublisher oder Verlagsautor   31

Möglichkeiten ausschöpfen – Tipps für Verlagsautoren   31
Stärken nutzen – Tipps für Selfpublisher   35
Zusammenfassung   37

Der vernetzte Leser   38

Zusammenfassung   41

Strategie & Positionierung   42

Situationsanalyse   45
Marktanalyse   47

Die Definition der Ziele	48
Erarbeiten Sie Ihre Positionierung	51
Finden Sie Ihr Alleinstellungsmerkmal	53
Analysieren Sie Ihre Zielgruppe	55
Zusammenfassung	56
Cover, Titel & Klappentext	**58**
Das ideale Buchcover	58
Der perfekte Titel für Ihr Buch	61
Der Untertitel	64
Der optimale Klappentext	64
Zusammenfassung	66
Maßnahmen zur Buchveröffentlichung	**68**
Amazon Author Central	69
Die Amazon-Kategorien	71
Preisrabatte und Verschenk-Aktionen	73
Die Leseprobe	75
Rezensionen vorab generieren	77
Vorbestellungen nutzen	79
Aktionen zur Buchveröffentlichung	79
Zusammenfassung	83
Die Autorenwebsite	**85**
Die Impressumspflicht	88
Die wichtigsten WordPress-Plugins	89
Besondere Tools für Autoren	94
Suchmaschinenoptimierung mit WordPress	96
Erwartungen an SEO	97
Sind Sie bereit für eine eigene Website?	105
Zusammenfassung	106

Social Media für Autoren — 107

Auswahl der Social-Media-Plattformen — 112
Content ist König — 113
Die Reaktionszeit — 116
Ratgeber und Social Media — 116
Der richtige Umgang mit Kritik — 118
Facebook: Basisstation für Ihr Social Media Marketing — 119
  Gadgets für Ihre Facebook-Page — *122*
  Einen Blog in die Facebook-Seite integrieren — *124*
  Eine Facebook-Werbeanzeige schalten — *126*
Twitter: Das schnellste Marketing-Tool — 132
  Inhalte für Twitter — *133*
  Ein Twitter-Profil einrichten — *133*
  Follower und Listen — *135*
  Autoren-Hashtags — *136*
  Zeit zu twittern — *137*
  Ein paar Twitter-Kniffe — *137*
  Twitter-Ads — *138*
Instagram — 140
YouTube — 143
  Video-Content: Fast alles ist möglich — *144*
  Anleitung: Ein Video auf YouTube hochladen — *145*
Gewinnspiele und Verlosungen
in den sozialen Netzwerken — 148
Richtlinien für Gewinnspiele auf Facebook — 149
  Plugins — *151*
Richtlinien für Gewinnspiele auf Twitter und Instagram — 153
Zusammenfassung — 154

Buch- und Leseplattformen — 156

Anleitung für eine Leserunde bei LovelyBooks — 158
Anleitung für eine Leserunde bei Goodreads — 161
Zusammenfassung — 163

Blogger-Relations für Autoren — 164

Buch-Blogger online und offline — 164
Buch-Blogger richtig ansprechen — 165
Blogtouren & Blogparaden — 166
Zusammenfassung — 169

Rezensionsmanagement — 170

Rezensionen generieren – so geht's — 172
Bezahlte Rezensionen — 176
Umgang mit negativen Rezensionen — 177
Kritik von Buch-Bloggern — 179
Zusammenfassung — 180

Lesungen und Online-Lesungen — 181

Vor Ort lesen — 181
Das Honorar — 183
Eine Lesung durchführen — 183
Livestream-Lesungen — 184
Zusammenfassung — 186

Bringen Sie Ihr Buch in die Presse — 187

Der Presseverteiler — 188
Die Pressemitteilung — 189
Zusammenfassung — 190

Fazit — 192

Interessante Links und Tools — 193

Quellen- und Literaturverzeichnis — 196

Vorwort

Welche Maßnahmen im Buchmarketing sind effektiv und funktionieren? Spielen die klassischen Marketingmaßnahmen überhaupt noch eine Rolle und können Autoren neue Möglichkeiten der Vermarktung für sich nutzen? Wie können Autoren auch mit wenig Budget und ohne Erfahrung an Erfolgsschrauben drehen? Was können sie selbst tun und vor allem wie? Autoren haben abertausende Fragen, wenn es um das Marketing ihrer Bücher geht. In diesem Buch finden sie jetzt endlich Antworten auf Ihre Fragen. Nicht jeder Autor möchte direkt eine Agentur für Buchmarketing beauftragen. Andere möchten Dinge selbst umsetzen und suchen nach Anleitungen, die ihnen dies ermöglichen. Leider gibt es bisher kein fundiertes Buch von einem Marketingexperten, das alle wichtigen Inhalte und Anleitungen beinhaltet. Und das in einer Zeit, in der es immer mehr Autoren gibt und die Relevanz von Buchmarketing immer mehr steigt. Dies mag auch damit zu tun haben, dass es bisher keine Marketingexperten gab, die sich ausschließlich auf diese Branche konzentrieren, ihre besondere Dynamik und Herausforderungen kennen und wissen, welche Maßnahmen für Autoren funktionieren und welche nicht. Ich finde es sehr wichtig, dass Autoren bei ihrem Marketing nicht weiter im Nebel herumstochern, sondern fundiertes Wissen an die Hand bekommen, mit dem sie effektiv arbeiten können. Denn obwohl sie sich viel über Marketing austauschen, hilft es dem einzelnen Autor meist nicht weiter, denn er weiß nicht, wie er die Dinge selbst für sich umsetzen kann, oder ist gar enttäuscht, wenn das Gleiche bei ihm nicht funktioniert. Es mangelt an verständlichen Anleitungen und einer Orientierung im Maßnahmendschungel.
Ich möchte Ihnen deshalb nicht noch ein Buch präsentieren, mit

dem Sie letztlich nicht praktisch arbeiten können. Ich möchte, dass Sie aktiv werden.

Ein Buch kann eine persönliche Beratung und eine dauerhafte Unterstützung zwar nicht ersetzen, aber es kann Ihnen helfen, einen Anfang zu machen, mehr Klarheit zu gewinnen und selbst Marketing zu betreiben.

Mit diesem Buch können Sie Ihren Erfolg selbst in die Hand nehmen. Sie werden hier deshalb auch nicht unnötig viel Theorie finden, die Sie nicht weiterbringt, sondern wichtige Anleitungen und Hilfestellungen. Außerdem erhalten Sie Übersichten über die verschiedenen Buch-, Lese- und Social-Media-Plattformen, auf denen Sie Ihr Buch promoten können. Und ich stelle Tools und Programme vor, die bei der Auswahl Ihres Buchtitels und der Optimierung Ihrer Autoren-Website den letzten Schliff geben – darunter internationale Tools, die in Deutschland noch so gut wie gar nicht bekannt sind.

Mit diesem Buch erwartet Sie ein ganzer Schatz an Wissen, Orientierung und Erfahrung, der Ihnen hilft, Ihre Bücher selbst erfolgreich zu vermarkten.

Ich wünsche mir, dass dieses Buch auf dem Schreibtisch jedes Autors in Deutschland steht und aktiv und regelmäßig benutzt wird. Dass es – egal welchem Bereich des Buchmarketings Sie sich widmen möchten – Ihnen die notwendigen Antworten bietet, mit deren Hilfe Sie sofort starten können.

Ich wünsche Ihnen viel Freude dabei, all die wunderbaren Dinge für Ihr Buch zu tun – Ihre Buchverkäufe werden es Ihnen danken!

Tanja Rörsch
Geschäftsführerin der Agentur mainwunder

Einleitung

Sie haben Ihr erstes Buch veröffentlicht? Ich gratuliere! Das ist eine tolle Leistung und darauf können Sie wirklich stolz sein. Nun möchten Sie natürlich, dass ganz viele Menschen es kaufen und lesen. Vielleicht sind Sie mit Ihrem Buch/Ihren Büchern aber auch schon eine Weile am Markt, doch außer ihren Verwandten und Freunden hat noch keiner Ihre Bücher gelesen oder gar gekauft.

Vom Schreiben leben können – diesen Traum haben viele Autoren. Mit rund 90.000 Neuerscheinungen jährlich (Quelle: tredition) ist das Angebot an Printbüchern und E-Books im deutschen Markt riesig. Sich hier durchzusetzen und einen der vorderen Ränge bei Amazon zu erreichen, ist viel Arbeit und kommt nicht von ungefähr. Doch Ihr Buch hat es verdient, gesehen und gelesen zu werden. Und es gibt nur einen Weg, wie Sie das realisieren können: **mit Buchmarketing**.

Mit dem richtigen Mix aus Marketing- und PR-Aktivitäten können Sie die Aufmerksamkeit Ihrer Zielgruppe auf sich ziehen, sich eine treue Leserschaft aufbauen und Ihre Buchverkäufe erheblich steigern. Sie erhalten darüber hinaus Anerkennung von Lesern, Motivation und Rückendeckung. Sie werden mehr Freude an Ihrer Arbeit haben und stolz auf das sein, was Sie erschaffen haben. Bei Marketing geht es nicht rein um Verkaufszahlen, es geht auch um ideelles Wachstum, um Markenaufbau und Selbstvertrauen in das eigene Tun.

Was Buchmarketing umfasst und was Sie davon wie konkret umsetzen können, das erfahren Sie in diesem Buch. Sehen Sie es als Orientierung, als Nachschlagewerk und Praxishandbuch, das Ihnen die Irrwege durch das Labyrinth des Buchmarketings erleichtert. Mögen seine Ecken abgenutzt sein, mögen Sie sich die für Sie wichtigen Stellen farbig unterstreichen und Lesezeichen mit Ihren persönlichen Notizen hineinlegen. Arbeiten Sie mit dem Buch – dafür ist es gedacht. Ob Sie es in einem Rutsch durchlesen, ob Sie es erst durchblättern und anschließend die für Sie interessanten Kapitel einzeln durcharbeiten, oder ob Sie aufgrund konkreter Fragestellungen nach Antworten suchen und die jeweilige Seite aufschlagen – dieses Buch ist so aufgebaut, dass Sie Inhalte schnell finden und direkt loslegen können. Gleich, ob Sie gerade Ihr erstes Buch veröffentlichen oder bereits einige Bücher am Markt haben – mit diesem Werk haben Sie ein fundiertes Praxishandbuch zur Verfügung, das in jeder Phase Ihres Autorenlebens Anleitung und Orientierung bietet.

Der Buchmarkt heute

Die Digitalisierung hat auch vor dem Buchmarkt nicht haltgemacht. Während früher ein Autor den klassischen Weg über einen Verlag ging, der ihm vom Lektorat bis zur Vermarktung alles abgenommen hat, leben wir heute im Zeitalter der Selbstverleger. Der Autor veröffentlicht sein Buch in Eigenregie, mit aller Verantwortung und allen Notwendigkeiten, die es bedarf, um ein Produkt auf den Markt zu bringen. Viele erfolgreiche Selfpublisher konzentrieren sich dabei auf die Veröffentlichung von E-Books, von deren Verkauf sie sehr gut leben können. Hinzu kommt, dass sich durch die „Amazonisierung" der Buchverkauf zum Leidwesen des örtlichen Buchhandels wesentlich auf das Internet verlagert hat. E-Books werden zu Tausenden täglich verkauft oder geliehen. Dies birgt viele Chancen, erfordert aber auch viel Engagement von Seiten der Autoren. Glauben Sie nicht, dass E-Books heute qualitativ schlechter sind als Printbücher. Wer E-Books in Masse verkaufen möchte, muss Qualität abliefern: vom Titel über das Cover bis zur Positionierung. Damit ein E-Book auf Amazon auffällt und gekauft wird, muss einiges dafür getan werden. Noch haben es da die Verlagsautoren etwas einfacher. Noch bekommen sie – zumindest bei großen Verlagen – Lektorat, Buchcoverdesign und Veröffentlichung abgenommen. Aber wie sieht es hier mit Marketing aus? Häufig ziemlich mau: Nicht jeder Verlag hat das Budget und die personellen Ressourcen, um jeden Autor beim Marketing seines Buches zu unterstützen. Daher ist auch hier inzwischen viel Eigeninitiative gefragt. Buch veröffentlichen und die Hände in den Schoß legen – das funktioniert heute nicht mehr.

Dienstleister der Buchbranche haben sich auf diesen Bedarf eingestellt: Buchcoverdesigner gestalten das E-Book-Cover mit, Layouter erstellen professionelle E-Book-Dateien und Agenturen – wie mainwunder – übernehmen das Buchmarketing, das auf die Bedürfnisse von Autoren zugeschnitten ist.

Immer wieder schlagen neue Unternehmen ihre Zelte im Buchmarkt auf, die auf den E-Book-Trend aufspringen und Autoren dabei unterstützen, ihre Bücher gegenüber dem Handel sichtbar zu machen. Firmen wie Bookwire sind auf den internationalen E-Book-Vertrieb spezialisiert. Print-on-Demand-Anbieter wie BoD hingegen setzen auf die Präsenz in Buchhandlungen und bieten Zusatzleistungen für Autoren an.

Auch die Kundenstruktur am Markt hat sich verändert. Während früher selbstverlegende Autoren von Lesern verpönt wurden, sind es heute oft Selfpublisher, die große Fan-Communitys aus treuen Lesern aufgebaut haben und wie Idole angesehen werden. Heute führen zahlreiche Selfpublisher die Bestsellerlisten an – ihre Bücher verkaufen sich zu Tausenden. Sie sind auf der Welle der Digitalisierung mitgeschwommen und haben das Prinzip des Erfolgs verstanden. Schauen wir uns die Erfolgsfaktoren genauer an.

Erstens setzen Selfpublisher immer mehr auf Qualität und Professionalisierung: Sie agieren wie Unternehmer, die mit jeweiligen Profis auf ihrem Gebiet zusammenarbeiten, dadurch Zeit und Konzentration sparen und nach außen professionell auftreten. Mit so entstandenen hochwertigen Büchern können Selfpublisher Leser und andere Multiplikatoren für sich gewinnen.

Zweitens haben erfolgreiche Selfpublisher verstanden, ihre Fans mit aufwendigen Gewinnspielen, einzigartigen Preisen und kreativen Aktionen zu unterhalten und sich immer wieder positiv in Erinnerung zu rufen. Wenn sie dann in kurzen Abständen ein neues Buch auf den Markt bringen, wird ihnen dieses von den begeisterten und von den Aktionen „heiß gemachten" Fans aus den Händen gerissen. **Drittens** investieren sie viel Geld und Zeit in den Aufbau und den Erhalt der Leserbeziehung. Das hat nicht nur mit Gewinnspielen zu tun – vielmehr ist die ständige Erreichbarkeit über die sozialen Netzwerke, das schnelle Reagieren auf Kommentare und private Nachrichten ein wesentlicher Faktor. **Viertens** verstehen es erfolgreiche Autoren heute sehr gut, die Grenzen zwischen Nähe und Distanz, zwischen privat und beruflich, aufzuweichen. Sie geben Privates preis, nehmen den Leser „mit in den Urlaub", indem sie engmaschig von dort berichten und Bilder schicken. Sie lassen den Leser am Schreibprozess teilhaben, fragen nach seiner Meinung und räumen ihm damit eine große Rolle im privaten und beruflichen Leben ein. Das schafft Nähe und Bindung.

Während Selfpublisher also in den letzten Jahren zu wahren Veröffentlichungsmeistern geworden sind, blieben aber auch die Verlage nicht untätig. Sie reagierten auf die veränderten Marktbedingungen und machen sich ihre Größe, ihren Einfluss und das höhere Marketingbudget zunutze: Mit eigenen großen Blogger- und Leser-Plattformen bauen sie Beziehungen zu Multiplikatoren auf, entwickeln gemeinsam mit Medien eigene Büchershops und kreieren aufwendig produzierte Gewinnspiele. Sie verstehen es, die Vorteile der digitalen Welt für sich zu nutzen. Denn sie wissen: Der Großteil des Geschäftes wird heute online gemacht. Online Neugier geweckt, online vom Produkt überzeugt, online kommuniziert – auch wenn das Buch letztendlich im Buchhandel gekauft wird.

Der Buchmarkt hat sich seit der von Amazon eingeführten Kindle Direct Publishing-Plattform im Jahr 2011 sehr verändert. Die Veröffentlichung von Büchern ist leichter geworden. Aber weitaus schwieriger ist es nun, seine Bücher aufgrund der Vielzahl an Neuveröffentlichungen und der Heterogenität der Marktbedingungen bekannt zu machen. Diese Entwicklung wird in den nächsten Jahren weiter voranschreiten. Wir werden an einen Punkt kommen, an dem Selfpublisher ihre Bücher ebenso wie Verlagsautoren im Buchhandel stehen haben. Und wir werden einen Markt haben, aus dem neue Unternehmen entstehen, die Lösungen für eben diese Entwicklungen bieten. Ich bin überzeugt, dass auch der stationäre Buchhandel sich umstellen wird, um den Bücherkauf für junge Menschen attraktiver zu machen. Es wird einen härteren Wettbewerb für Amazon geben, und Amazon wird auf die veränderten Marktbedingungen des Buchmarktes reagieren – z. B. den Versand von E-Books im Rahmen von Gewinnspielen leichter machen, sowie den Autoren Möglichkeiten für Werbung auf der Plattform bieten. Alles dreht sich um Präsenz und das Erzeugen von Sichtbarkeit. Alles dreht sich darum, Bücher zu verkaufen – das hat der Autor von heute verstanden, nur der Markt hinkt hier und da noch hinterher.

Buchmarketing

Ihr Buch ist wie Pizza. Alle lieben Pizza. Aber Sie verlieren ganz schnell den Appetit, wenn sie wie eine alte Schuhsohle schmeckt. Bei dieser Pizzeria kaufen Sie einmal und nie wieder. Sie schreiben eine negative Bewertung über den Italiener, der für seine Schuhsohle auch noch 15 Euro haben wollte und außerdem viel zu lange gebraucht hat. Sie haben richtig Brass auf den Italiener, haben Sie sich doch riesig auf eine leckere Pizza gefreut.

Mit Büchern ist das ähnlich. Bücher sind eine besondere Leidenschaft, an die wir große Erwartungen haben. Die wenige Freizeit, die wir haben, wollen wir mit guten Büchern füllen. Wir wollen alleine schon daran Freude haben, das Buch in den Händen zu halten, es anzuschauen, die ersten Seiten aufzuschlagen und uns beim Lesen Zeile um Zeile zu amüsieren. Jetzt stellen Sie sich vor, Sie haben ein besonderes Buch bestellt, weil Sie das Thema unheimlich reizt und der Titel vielversprechend klang – und dann bekommen Sie ein Buch mit einem grausigen Buchcover, mit Rechtschreibfehlern in jedem Satz und einer Geschichte, die so gar nicht originell ist. Das ist, als würden Sie Ihre Lieblingspizza ohne Käse essen – egal wie Sie es drehen und wenden, es schmeckt nicht.

Ein Buch braucht die gleiche Aufmerksamkeit und Fürsorge wie ein guter Pizzateig. Und das hört nicht beim fertigen Manuskript auf. Sehen Sie Ihr Buch wie ein Produkt, das den gesamten Entwicklungs- und Produktionsprozess durchläuft wie alles, was Sie im Laden kaufen können. Am Anfang steht die Idee, es folgt die Entwicklung und anschließend die Umsetzung, die Produktion. Dann kommt das Produkt in den Handel, Vermarktung und Vertrieb beginnen. Diesen Entwicklungsweg sollte auch Ihr

Buch gehen – bis zum Schluss. Bleiben Sie nicht beim Markteintritt stehen.

Sie wissen nicht, welches die nächsten Schritte nach dem Veröffentlichen Ihres Buches sind? Oder Sie haben schon ein, zwei Marketingaktionen versucht, aber ohne großen Erfolg? Lesen Sie weiter, um zu erfahren, welche Möglichkeiten Sie ausschöpfen können.

In der Wirtschaft sind Marketing und PR unverzichtbar. Ohne Marketing gäbe es keine Marken wie Coca-Cola oder Adidas. Ohne Marketing würden Sie nicht zur leckeren Kekspackung im Regal greifen, die Ihnen suggeriert, dass die Schokolade von glücklichen, lila Kühen stammt. Sie kaufen einen Obstsaft, dessen Packung Ihnen vermittelt, dass Sie es hier mit frischen, reifen Früchten zu tun haben. Aber Marketing ist nicht alles: Ohne PR gäbe es niemanden, der all diese Informationen in Bilder und Geschichten verpackt zu Ihnen bringt. Public Relations ist – wie der Name schon sagt – die Beziehung des Produzenten zur Öffentlichkeit, zu Multiplikatoren, dem Wettbewerb, den Kunden und der Presse und das gezielte Streuen von Informationen an diese Gruppen, die man auch Stakeholder nennt.

Kommen wir zurück zu unserem Beispiel mit der Pizza. Nehmen wir an, Ihr Buch ist eine neuartige Pizzavariation. Dann sorgt das Marketing dafür, dass Ihre Pizza einen hinreißenden Namen bekommt, bei dem einem schon das Wasser im Mund zusammenläuft. Das Marketing setzt die Pizza richtig in Szene, so dass sie umwerfend lecker aussieht und auf der Karte, im Flyer usw. eine top Figur macht. Anschließend wird die Pizza so positioniert, dass jeder sofort erkennt: Das ist etwas Neues und das muss ich haben. Dann kommt die PR ins Spiel, die von der Pizza erzählt und erzählt und erzählt. Bis jeder von ihr weiß und jeder genau diese Pizza will.

Ihr Buch ist natürlich keine Pizzavariation, aber es funktioniert genau so. Ihr Buch ist nicht nur deshalb ein Wunder, weil Sie es geschrieben haben. Sondern weil Buchmarketing es zu einem Produkt macht, das jeder haben will. Dafür muss es hinreißend aussehen, es muss top positioniert werden und die Masse muss davon erfahren. Sie fangen den Leser am Ende so ein, dass er jedes Ihrer Bücher lesen möchte, lesen *muss*.

Was fühlen Sie, wenn ich Ihnen sage, dass die Vermarktung Ihres Buches nicht nach Schema F abzuhandeln ist? Sind Sie enttäuscht, dass es nicht so einfach ist, wie Sie dachten? Ich kann Sie beruhigen, wir werden in den weiteren Kapiteln viel Licht ins Dunkel bringen und Sie werden unzählige Möglichkeiten und Wege, wie Sie Ihr Buch richtig vermarkten, an die Hand bekommen.

Vielleicht haben falsche Erwartungen etwas damit zu tun, dass immer noch viel Unklarheit darüber herrscht, was Buchmarketing eigentlich ist und welche Bereiche es umfasst. Wahrscheinlich ist es bei Ihnen ähnlich, sonst würden Sie nicht dieses Buch lesen.

Gerade im Buchmarketing ist ein individuelles Vorgehen ganz essentiell, denn es handelt sich hier nicht um ein emotional neutrales Projekt wie ein Joghurt oder ein Handy. Jedes Buch und jeder Autor ist sehr individuell, zudem liegt eine enge Verquickung zwischen Produkt und „Hersteller" vor. Eine Mischung aus Produktmarketing und Personen-PR, eine Mischung aus Fakten und Emotionen.

Der Begriff Buchmarketing steht für strategische Maßnahmen rund um die Vermarktung eines oder mehrerer Bücher, in dem die Vermarktung der Person als auch seiner Bücher zusammenfließen. Traditionelles Offline-Marketing wie Lesungen, Signierstunden oder Messeaktivitäten werden mit Online-Marketing kombiniert. Buchmarketing und Social Media sind eng miteinander verwoben: Leser und Buch-Blogger formieren sich in Communitys, Lesen wird zum Gemeinschaftsprojekt. Die geografische Mauer zwischen Leser und Autor verschwimmt; der Autor wird anfassbar, erlebbar und kritisierbar. Beispiele solcher Communitys sind Leseplattformen wie LovelyBooks, Wasliestdu und Goodreads. Auch können Autoren eigene Fan-Gruppen aufbauen, die wie kleine Communitys agieren.

Lesen ist ein Gemeinschaftserlebnis geworden. Man liest heute nicht mehr alleine, sondern zusammen mit anderen. Ein Buch wird nicht mehr einfach nur gelesen, es wird analysiert, Kapitel um Kapitel wird diskutiert, sich gefreut und geredet. Es werden Bücher bewertet, kritisiert, gelobt. Es werden Empfehlungen ausgesprochen und spannende Abschnitte, Zitate oder gute Cover fotografiert und gepostet. Dies hat zur Folge, dass das Rezensieren und Weiterempfehlen von Büchern zu einem festen Bestandteil des Buchmarketings geworden sind. Wer heute kaum oder nur miese Bewertungen auf Amazon und Leseplattformen hat, der wird sein Buch auch entsprechend schlecht verkaufen.

Buchmarketing ist deshalb vor allem eines: Beziehungsarbeit. Der Aufbau von Beziehungen und das effektive Platzieren von Informationen im Rahmen von Erlebnismomenten sind langfristige Erfolgsgaranten.

So persönlich wie jedes einzelne Buch ist, so persönlich ist auch der Umgang miteinander – gleich ob auf Buch-Blogs, auf Leseplattformen oder in Gruppen. Möchte der Autor im Bereich Social Media mitmischen, kommt er nicht umhin, sich auf diese persönliche Ebene einzulassen und dem Leser zu zeigen, wer er ist und was ihn bewegt.

Der Autor ist einerseits Unternehmen, das seine Produkte verkauft und entsprechend professionell auftreten muss, andererseits ist er Mensch, der mit seiner Persönlichkeit „überzeugen" muss.

Wirkung und Nutzen

Die Erfolge des Buchmarketings lassen sich nicht allein an den Verkaufszahlen festmachen. Vielmehr haben wir eine ganze Reihe an positivem Nutzen. Wir sprechen von ideellen Werten wie Anerkennung, Motivation und Bekanntheit – Aspekte, die schwer messbar und doch deutlich spürbar in ihrer Wirkung sind und nicht minder wichtig wie die Verkaufszahlen. Lassen Sie uns ein paar davon anschauen.

Buchmarketing ermöglicht den Aufbau einer eigenen, starken Fancommunity
Erfolgreiche Autoren haben eine eigene Community aus Lesern und Bloggern, auf deren Unterstützung sie stets bauen können. Sie sind es, die dem Autor treu zur Seite stehen, Rezensionen schreiben – und natürlich die Bücher kaufen. Deshalb ist der Aufbau einer starken Fancommunity ein sehr wichtiges Ziel im Buchmarketing.
1. Eine eigene Community gibt einem Autor die Sicherheit, dass sein neues Buch wieder eine große Zahl guter Bewertungen bekommen wird.
2. Eine eigene Community stärkt einem Autor den Rücken und gibt ihm Anerkennung.
3. Mit einer eigenen Community kann ein Autor nicht nur mit „festen" Buchverkäufen rechnen, durch die Empfehlungen an andere Leser wächst die Community stetig und auch die Buchverkäufe steigen.

Buchmarketing steigert die Sichtbarkeit in der Öffentlichkeit
Ob gegenüber den Medien, auf der Buchmesse oder bei Lesungen – der Autor und sein Buch bekommt eine Bühne, die er ohne Buchmarketing nicht hätte. Gesehen zu werden und Aner-

kennung und Wertschätzung für das zu erhalten, was man tut, ist ein ganz großer Motivator für kreative Menschen.

Buchmarketing ermöglicht einen engen, direkten Austausch mit dem Leser
Steht das Buch im Regal der Buchhandlung hat man viel geschafft – denken viele. Doch damit nicht genug: Die wirkliche Herausforderung ist der Austausch mit dem Leser. Alles wird heutzutage einer persönlichen Bewertung unterzogen und online öffentlich gemacht – auch der Buchmarkt. Gerade dieser ist durch das öffentliche Bewerten – das so genannte Rezensieren – von Büchern gekennzeichnet. Man kommt also nicht umhin, sich mit dem Leser und seinen Eindrücken vom Buch auseinanderzusetzen. Buchmarketing hilft, diesen Austausch zu steuern und bei negativen Rezensionen angemessen zu reagieren.

Buchmarketing baut Beziehungen auf
Das Bild des einsam in seinem Kämmerlein schreibenden Autors ist längst Geschichte. Der moderne Autor zeigt sich und baut eine Beziehung zu seinen Lesern auf, die schon fast freundschaftlich ist. Der Leser kommt damit ebenfalls raus aus der Anonymität – der Autor kennt sein Gesicht, seinen Namen, seine Lesevorlieben und seinen Beziehungsstatus. Gleiches weiß der Leser vom Autor, der Privates ebenso teilt wie Gedanken und Fragen, die ihn umtreiben. Buchmarketing bedeutet deshalb längst nicht nur, die Buchverkäufe anzukurbeln, sondern eine Nähe zwischen Autor und Leser zu schaffen, Beziehungen aufzubauen und zu erhalten.

Buchmarketing sorgt für gute Qualität und damit für Anerkennung
Ohne Buchmarketing keine Qualität und ohne Qualität kein Buchmarketing: Schlechte Bücher kann man nun mal schlecht

vermarkten. Deshalb setzt effizientes Buchmarketing schon vor der eigentlichen Vermarktung an und beinhaltet Marktanalysen, Titel- und Klappentext-Optimierung, ein professionell gestaltetes Buchcover entsprechend der Positionierung und die Auswahl des richtigen Distributors, Preises und einiges mehr. Ein gründliches Lektorat und ein einwandfreier Buchsatz sind selbstverständlich.

Ist all dies geschehen, hat der Autor ein hervorragendes Produkt, das sich gut vermarkten lässt und mit Verlagsbüchern mithalten kann. Haben Sie ein gutes Produkt, werden Sie entsprechende positive Bewertungen von Lesern und Bloggern sowie Akzeptanz von Medien und Buchhandlungen erhalten.

Die Kosten

Jetzt wissen Sie, welche immense Wirkung Buchmarketing auf Ihre Buchverkäufe und Ihre Positionierung als Autor hat. Können Sie sich vorstellen, dass Sie eine Top-Marke werden – ohne Werbung zu machen? Oder dass Sie ein einzigartiges Produkt auf den Markt bringen – ohne darüber zu sprechen? Nein? Sehen Sie, Ihr Buch braucht Buchmarketing. Jetzt werden Sie sagen: Ja, aber – die Kosten! Also gut, lassen Sie uns über Kosten sprechen. Natürlich kostet Marketing Geld. Da sind die Kosten für den Marketingberater, für den Grafiker, für Anzeigen, die Druckerei, Rezensionsexemplare, Preise für Gewinnspiele, Leser-Goodies, Messematerialien und einiges mehr. Je mehr Geld ich habe, desto mehr Maßnahmen kann ich machen. Man kann erfolgreiche Autoren genau daran erkennen – sie investieren viel, sowohl Zeit als auch Budget. Sie geben viel an ihre Leser zurück und das danken sie mit Treue und Buchkäufen.

Natürlich können Sie klein anfangen und ich finde auch immer einen Weg, auch für Autoren mit schmalem Geldbeutel, effektives Marketing zu betreiben. Aber dies erfordert auch ein Umdenken von Seiten der Agentur und ganz viel Geduld beim Autor – erwarten Sie also in diesem Fall nicht zu viel. Leichter ist es, wenn Sie sich gleich groß positionieren. Sich auf den großen Plattformen präsent machen. Sich mit großen Aktionen bekannt machen. Ich erlebe es häufig, dass Autoren sich „klein halten", als wollten sie ihren Erfolg klein halten. Diese Autoren bleiben auch klein, weil sie innerlich so ausgerichtet sind und nicht bereit sind in ihren Erfolg zu investieren. Wenn Sie also groß werden wollen, ist es wichtig, dass Sie groß denken. Und denken Sie erst einmal nicht an die Kosten. Ein guter Berater ist ein Partner an Ihrer Seite, selektiert und empfiehlt das, was bezahlbar und effektiv ist.

Oft wissen Autoren nicht, was alles möglich ist und was überhaupt zu ihnen und ihren Büchern passt. Sie kennen die für sie interessanten Plattformen nicht und wissen nicht, wo sich ihre Leser aufhalten. Deshalb zeige ich ihnen Wege auf, die sie nicht arm machen, sondern reich an Sichtbarkeit, Lesern und Buchverkäufen.

Der Marketingmix

Buchmarketing beinhaltet verschiedene Elemente des Marketings wie Social Media Marketing, Corporate Publishing und Event Marketing.

Social Media Marketing beschäftigt sich mit der Möglichkeit, das Buch auf relevanten Websites wie Blogs, Lese- und Buch-Plattformen und in den sozialen Netzwerken einer breiten Community vorzustellen, die über andere Werbekanäle nicht zu erreichen wäre. Wer also möchte, dass über sein Buch gesprochen, diskutiert und es weiterempfohlen wird, der kommt um

Social Media Marketing nicht herum. Social Media Marketing bedeutet nicht, ein Buch immer wieder in die Gruppen zu posten und auf Buchkäufe zu hoffen. Es bedeutet vielmehr zuzuhören, mitzudiskutieren und mit spannendem, witzigem und aktivierendem Content einen Mehrwert zu liefern. Es heißt auch, auf Buchkritik angemessen zu reagieren und das Image des Autors zu schützen und zu stärken. Ferner wird entsprechend der strategischen Ausrichtung eine Kombination und Verknüpfung verschiedener Communitys und Netzwerke sichergestellt.

Im **Corporate Publishing** wird für den Auftritt des Autors eine einheitliche Linie – ein Corporate Design – erarbeitet und auf alle Materialien angewendet. Die Basis bildet das Buchcover, auf das alle weiteren grafischen Arbeiten wie Flyer, Lesezeichen, Internetauftritte, Werbeartikel und Anzeigen abgestimmt werden. Es stellt daher eine zentrale Rolle im Corporate Design des Autors dar.

Ein weiterer Baustein ist der Bereich **Events** – das Organisieren von Lesungen, Meet&Greets, Signierstunden, Messe-Aktionen und anderen Veranstaltungen, auf denen Leser ihren Autor treffen können und der Autor sein Buch vorstellen kann.
Für Sachbuchautoren, die zugleich Dienstleistungen anbieten, sind auch Online-Angebote ein wichtiges Instrument: Webinare, Google Hangouts und Online-Kurse bieten die Möglichkeit, potenzielle Leser und Kunden fernab der Leseplattformen und sozialen Kanäle zu erreichen und die eigene Expertise zu stärken.
Es sind stets die geschickte Kombination aus On- und Offline-Maßnahmen und die Integration verschiedener Marketinginstrumente, die Buchmarketing effizient machen. Man nennt dies im Fachjargon „Marketingmix", also eine sinnvolle Mischung verschiedener Kanäle, Plattformen und Instrumente, die unter-

schiedliche Zielsetzungen verfolgen, in Summe aber dem einen großen Ziel zuarbeiten – dem Bekanntwerden und Bewerben des Produktes, dem Aufbau einer starken Kundenstruktur und der Aufrechterhaltung von Image und Reputation.

Marketing-Grundregeln

Sie wissen jetzt, warum Buchmarketing wichtig ist. Vielleicht wussten Sie das schon vorher und haben deshalb auch schon einiges unternommen, damit die Verkaufszahlen endlich ansteigen. Es kann dennoch sein, dass Ihre Bemühungen nicht die gewünschten Effekte zeigen. Das ist natürlich frustrierend. Ich würde Ihnen gerne sagen, dass Sie nichts falsch machen, um Sie aufzumuntern und Ihnen ein gutes Gefühl zu geben. Aber – wenn es wirklich so ist, dass Ihre Aktionen „gar nichts" bringen, können Sie Ihr Buchmarketing sicherlich deutlich verbessern. Das ist nicht überraschend, denn Sie sind Autor und kein Marketing-Experte. Sie tun das Beste, was Ihnen möglich ist. Und an Ihren Möglichkeiten arbeiten wir jetzt. Fangen wir zunächst mit den Marketing-Grundregeln an.

1. Seien Sie geduldig.
Eine große Leserschaft baut sich nicht von heute auf morgen auf. Es sind viele kleine und große Maßnahmen über einen langen Zeitraum nötig, um eine stabile Fancommunity zu erreichen. Das langfristige Ziel sind Follower-Zahlen im mehrstelligen Tausenderbereich oder eine eigene Fan-Gruppe z. B. auf Facebook – und hohe Verkaufszahlen beim zweiten, dritten, vierten Buch, das sich quasi „wie von selbst" verkauft. Es erfordert ein hohes Maß an Geduld und Ausdauer, hier dranzubleiben und nicht aufzugeben. Wenn Sie zu früh aufhören, hätten Sie es gleich lassen können. Dann verpufft der Effekt. Wenn Sie

also mit Marketing beginnen, seien Sie sich bewusst, dass das ab sofort zum Bücher veröffentlichen dazugehört und konsequent verfolgt werden muss.

2. Sorgen Sie für regelmäßige Aktivität in Ihren Netzwerken.
Nur ab und zu auf Kommentare auf Ihrem Facebook-Autorenprofil zu reagieren, macht keinen guten Eindruck. Jeder Kommentar, jede Frage oder Kritik einer Ihrer Leser muss beantwortet werden. Das auf verschiedenen Plattformen zu leisten, ist natürlich sehr zeitaufwendig. Deshalb unterstütze ich meine Autoren dabei, habe ihre Accounts immer im Blick und reagiere zeitnah. Ihre Leser brauchen das Gefühl, dass sie Ihnen wichtig sind. Schenken Sie ihnen Aufmerksamkeit, das ist ein wesentlicher Erfolgsfaktor.
Zudem ist es wichtig, die Aktivitäten allgemein in den sozialen Netzwerken hoch zu halten. Längeres Nichtstun hat zur Folge, dass Sie in Vergessenheit geraten, Ihre Fans passiv werden und Ihre Bücher nicht im Gespräch bleiben.

3. Bleiben Sie realistisch.
Ich erlebe immer wieder Enttäuschung bei Autoren, weil sich ihre Vorstellungen, z. B. hinsichtlich der Medienpräsenz, nicht erfüllen. Es ist nämlich leider nicht so, dass ein Beitrag im TV oder in einer Tageszeitung zu einer enormen Steigerung der Verkaufszahlen führt. Es ist ein nettes Extra, das das Bedürfnis nach Sichtbarkeit und Anerkennung erfüllt und einem ein vermeintliches Gefühl von Erfolg gibt. Dieser trügerische Erfolg ist jedoch nur von kurzer Dauer.
Generell ist es sinnvoll, sich auf die Medien zu konzentrieren, die die gleiche Zielgruppe bedienen wie das Buch bzw. der Autor.
Für E-Books sind Online-Magazine das Medium der Wahl. Für Krimis Krimi-Beilagen, Krimi-Foren und Krimi-Blogs. Für Ratgeber Gastartikel auf Blogs und in Medien, die sich mit diesen

Themen beschäftigen, für Frauenromane Frauenmagazine, für literarische Belletristik Literatursendungen und Literaturmagazine. Ein Artikel in einer Lokalzeitung, um eine Lesung anzukündigen, ist oft mehr wert als ein Beitrag in einem überregionalen Blatt, da dadurch gezielt potenzielle Besucher für die Lesung angesprochen werden; je mehr Besucher auf der Lesung, desto mehr Buchverkäufe.

Keine Angst, für jeden Autor gibt es die passenden Medien. Wichtig ist, dass Sie sich mit falschen Vorstellungen hier nicht selbst ausbooten und nicht aufgeben. Das Angebot im Buchmarkt ist riesig und die Medien sind mit den neuesten Veröffentlichungen von Verlagen und Bestsellerautoren verwöhnt, so dass Sie Geduld und Beharrlichkeit brauchen, um sich hier Gehör zu verschaffen.

4. Seien Sie professionell.
Dass eine professionelle Außendarstellung elementar für den Verkaufserfolg ist, muss ich nicht mehr erwähnen. Dennoch gibt es immer noch Autoren, die das Buchcover selbst gestalten oder altbackene Websites haben. Dann wundern sie sich, warum sie auf Amazon nicht auffallen und keine Bücher verkaufen. Letztlich ist es doch so: Der Leser reagiert auf individuelle, einzigartig aussehende Bücher und Websites. Das ist das Erste, was er von Ihnen wahrnimmt, und der erste Eindruck soll doch umwerfend sein, oder?

Später gehe ich noch mal genauer auf Buchcover und Autorenwebsites ein. Sie erfahren, worauf Sie achten müssen und was ein gutes Cover und eine gute Website ausmacht.

5. Planen Sie regelmäßige Marketing-Aktivitäten.
Marketing beinhaltet zwar zeitlich eingegrenzte Aktionen und Kampagnen, Grundlage der Aktivitäten ist jedoch eine langfristige Strategie und die Maßnahmen sind die Eckpfeiler auf dem

Weg zum Ziel. So ist es zwar schön, wenn Sie mal eine Lesung in einem Buchladen haben. Besser wären aber regelmäßige Lesungen in unterschiedlichen Locations. Es ist auch nett, wenn Sie mal ein Gewinnspiel bei Facebook machen – wenn Sie aber die Wochen darauf nichts tun, bringt das Gewinnspiel recht wenig. Es kommt auf die richtige Mischung in der richtigen Häufigkeit an. Ein „zu viel" ist nämlich auch nicht gut. So rate ich dringend davon ab, jeden Tag immer das Gleiche über sein Buch zu posten. Oder überhaupt immer etwas nur über das Buch zu posten.

Sind Sie bereit für Buchmarketing?

Wahrscheinlich sind Sie es, sonst würden Sie nicht dieses Buch lesen. Dennoch frage ich noch einmal explizit, denn Buchmarketing ist keine Eintagsfliege, sondern ein langfristiger Prozess.

Sind Sie bereit, Ihr Buch und sich selbst auf den Prüfstand zu stellen, die Schwachstellen zu erkennen und Veränderungen einzuleiten? Sind Sie bereit, nicht mehr Ihren Freunden oder Ihrer Familie, sondern Ihren Lesern zuzuhören, was diese zu Ihrem Buch sagen?

Sind Sie bereit, Ihren inneren Fokus auf Erfolg zu stellen und groß zu denken? Und sind Sie bereit, dafür täglich Zeit, Kreativität und Budget zu investieren?

Ja? Glückwunsch, dann sind Sie bereit für Buchmarketing. Und bereit für alles weitere, das ich Ihnen in diesem Buch noch zeigen und erklären werde.

Zusammenfassung

In diesem Kapitel haben wir uns mit dem Buchmarkt und seine Auswirkungen auf das Marketing beschäftigt. Wir haben herausgefunden, dass die Bedeutung von Buchmarketing im Zuge der „Amazonisierung" gestiegen ist. Es ist leichter geworden, Bücher zu veröffentlichen – eine großartige Entwicklung und Freiheit, die Selfpublishern zuteil wird. Umso schwieriger ist es jedoch, sich auf diesem „vollen" Markt sichtbar zu machen. Doch es geht nicht allein um die Sichtbarkeit Ihres Buches, sondern auch um Ihre Präsenz. Sie ermöglicht Ihnen, mit Ihren Lesern in Kontakt zu treten, Beziehungen aufzubauen und Anerkennung für Ihre Arbeit zu erhalten. Sie erhalten direktes Feedback von Ihrer Zielgruppe und können dadurch noch zielgerichteter und erfolgreicher arbeiten. Buchmarketing gibt Ihrer Arbeit nicht nur eine Richtung, sondern richtet sich an Ihren Werten und Bedürfnissen sowie an denen Ihrer Leser aus –beide Seiten werden zufriedener. Ich habe Ihnen von den Grundregeln des Buchmarketings erzählt, die wichtig sind, damit Sie nicht nach vier Wochen frustriert aufgeben, und die Garanten für den Erfolg des Marketings sind. Jetzt sind Sie bereit für den nächsten Schritt. Bevor ich aber ans Eingemachte gehe möchte ich im folgenden Kapitel noch auf die Möglichkeiten von Verlagsautoren und Selfpublishern eingehen – denn sowohl das Veröffentlichen im Verlag als auch im Selbstverlag hat seine Vor- und Nachteile.

Selfpublisher oder Verlagsautor

Allgemein herrscht immer noch die Meinung, dass ein Autor, dessen Buch in einem (großen) Verlag veröffentlicht wird, sich nicht um Buchmarketing kümmern muss. Es würde ihm alles abgenommen – von Maßnahmen vor und nach der Veröffentlichung, Leserunden und Blogger-Arbeit, Gewinnspiele und Verlosungen, sowie das Organisieren von Lesungen. Doch nicht alle Verlagsautoren erhalten ein Rundum-Marketing und müssen sich daher um einige Bereiche selbst kümmern. Vielleicht sind Sie jetzt irritiert, da sie sich darauf verlassen haben, dass der Verlag alles für sie übernimmt. In der Realität sind auch die finanziellen und personellen Ressourcen vieler Verlage begrenzt. Von Verlagsautoren ist deshalb auch Eigeninitiative gefordert. Es war mir daher wichtig, dass Autoren, die bei einem Verlag unter Vertrag sind, genauso mit diesem Buch arbeiten können wie Selfpublisher. Es ermöglicht Ihnen, mit Ihrem Verlag Hand in Hand am Erfolg Ihres Buches/Ihrer Bücher zu arbeiten.

Möglichkeiten ausschöpfen – Tipps für Verlagsautoren

Verlagsautoren haben mehr Möglichkeiten, Buchmarketing und PR zu betreiben, denn der Verlag unterstützt sie – im besten Fall – in einigen Bereichen wie Pressearbeit oder das Organisieren von Lesungen. Letztlich kommt es sehr auf den Verlag an, was konkret gemacht wird und was nicht. Große Verlage setzen große Summen ihres Budgets häufig nur für ihre Top-Autoren oder ein vielversprechendes Erstlingswerk ein.
Das Buch eines Verlagsautors muss von Anfang an überzeugen,

deshalb ist es auch hier wichtig, so viel Marketing wie möglich zu betreiben – auch wenn Sie dieses selbst in die Hand nehmen müssen.

Der einzelne Autor geht im stressigen Tagesgeschäft schnell unter – wird er jedoch aktiv und meldet sich mit Ideen beim Verlag, hat er gute Chancen, dass er unterstützt wird. Wenn der Verlag selbst keine Kapazität für einzelne Autoren hat, bucht er Agenturen, die das Buchmarketing für seine Autoren übernehmen. Es lohnt sich also, nachzufragen und um konkrete Unterstützung zu bitten. Fragen Sie gezielt nach Aktionen auf der Buchmesse, nach Lese-Terminen oder ob der Verlag Sie bei der Erstellung einer Autoren-Website und im Bereich Social Media unterstützt. Oft buchen Verlage Platzierungen auf Buchplattformen und präsentieren Buch-Bloggern immer die neuesten Bücher ihres Sortiments. Schauen Sie, dass Sie mit Ihrem Buch hier mit dabei sind. Und zeigen Sie sich offen für Ideen des Verlages – sie haben die finanziellen Mittel, richtig tolle Aktionen zu machen.

Autorentipp
Fordern Sie Ihr Recht auf Marketing und PR beim Verlag ein. Erkundigen Sie sich freundlich, aber bestimmt, was sie für Sie tun können.

Mit punktuellen Aktivitäten ist es nicht getan. Viele Verlage nehmen Bücher neuer Autoren in ihre Programmvorschau auf, verschicken eine Pressemitteilung oder organisieren eine Lesung zur Veröffentlichung des Buches. Das reicht aber nicht. Erst konsequent durchgeführtes, langfristiges Marketing führt zu einer

Erweiterung der Fan-Base, stärkt die Bindung zu den Lesern und kurbelt letztlich die Buchverkäufe an.

Sollten Sie bei einem großen Verlag unter Vertrag sein, jedoch kaum Unterstützung in Sachen Marketing bekommen – nutzen Sie das Image des Verlages für sich. Kleinere Verlage sind oft offen für Ideen und bereit, sich an Aktionen zu beteiligen.

Verlage haben bessere Möglichkeiten, Ihr Taschenbuch in den Buchhandel zu bringen und so auch Lesungen dort zu ermöglichen. Bleiben Sie auf dem Laufenden und vergewissern Sie sich, dass der Verlag sich für Sie einsetzt. Viele Buchhandlungen, Medien, Blogger, Literaturfestivals sind weitaus aufgeschlossener, wenn sie einen Verlagsautor vor sich haben. Das ist ein großer Vorteil gegenüber Selfpublishern – nutzen Sie ihn.

Autorentipp
Erkundigen Sie sich, in welchen Buchhandlungen Ihr Buch ausliegt, und sprechen Sie diese auf Lesungen an.

Nutzen Sie die Ressourcen des Verlages. Für Ihre Autorenunterlagen, Ihre Social-Media-Profile – überall benötigen Sie Bilder in guter Qualität. Sprechen Sie Ihren Verlag nach internen Grafikern, Buchcoverdesignern, Fotografen oder Web-Designern an, die Sie – auf Kosten des Verlages – unterstützen können. Häufig haben Verlage Verträge für Anzeigen und Kooperationen mit Medienverlagen. Hier können wunderbare Aktionen entstehen wie das Beispiel Goldmann und Messmer anlässlich der Veröffentlichung des Buches „Aprikosenküsse" von Claudia Winter zeigt. Also: Nur wer fragt, gewinnt!

Viele Verlage haben auf der Buchmesse eine Präsenz – sorgen Sie dafür, dass Ihr Buch dort für die Besucher ausgestellt wird und Sie ins Verlagsprogramm der Messe, zum Beispiel mit einer Lesung, Signier-Stunde, einem Meet&Greet usw., aufgenommen werden.

Sie sehen, Sie können gemeinsam mit Ihrem Verlag viel erreichen, wenn Sie nachfragen und unterstützend dazu selbst Marketing betreiben. Legen Sie nicht die Hände in den Schoß und warten darauf, dass etwas passiert. Gehen Sie jetzt die Dinge selbst an und stimmen sich dabei mit Ihrem Verlag ab, damit Sie gemeinsam an einem Strang ziehen.

Stärken nutzen – Tipps für Selfpublisher

Selfpublisher denken oft: „Es wäre besser gewesen, wenn ich mein Buch bei einem Verlag hätte veröffentlichen können." Und sicherlich: Der Verlag nimmt einem meist Dinge wie Lektorat, Buchcoverdesign und Pressearbeit ab. Der Selfpublisher hingegen *muss* vom Cover bis zum Marketing alles selbst machen. Aber auch Selfpublisher haben viele Möglichkeiten und Stärken, die sie auszeichnen. Ich möchte Ihnen im Folgenden aufzeigen, welche Vorteile Sie als Selfpublisher haben.

Als Selfpublisher genießen Sie eine besondere Freiheit, in der Sie alles selbst entscheiden und damit so gestalten können, wie Sie möchten. Sie können nicht nur so schreiben wie Sie möchten, Sie können vor allem Ihr Cover, Ihren Klappentext und Ihr Marketing ganz nach Ihren eigenen Vorstellungen und mit den Personen, die Sie sich als Unterstützung aussuchen, gestalten. Es gibt niemanden, der Ihnen etwas vorschreibt, niemanden, den Sie fragen müssen, wenn Sie eine Aktion machen möchten, und niemanden, mit dem Sie notgedrungen arbeiten müssen, wenn Sie nicht auf einer Wellenlänge schwimmen.

Selfpublisher sind motiviert und darum bemüht, dass das Buch den Lesern gefällt. Sie wissen häufig genau, was ihre Leser wollen, was sie gerne lesen und was nicht gut ankommt. Marketing kann erst beginnen, wenn feststeht, wer die Zielgruppe ist und welche Bedürfnisse sie hat. Möchte sie informiert werden?

Möchte sie träumen, ist sie romantisch, braucht sie Helden oder mag sie humorvolle Dialoge? Durch die Nähe zu den eigenen Lesern kennen Selfpublisher ihre Zielgruppe meist ziemlich gut. Erfolgreiche Selfpublisher treten gerne in persönlichen Kontakt mit ihren Lesern, haben keine Scheu, sich mit ihnen auszutauschen und nehmen Wünsche und Verbesserungen gerne an. Dadurch erreichen Sie eine starke Bindung zu ihren Lesern. Sie beziehen ihre Leser bei vielen Dingen mit ein und geben ihnen viel zurück – durch Verlosungen, Gewinnspiele, Mitmach-Aktionen. Sie besitzen die Offenheit und die Motivation, Ihre Fan-Base immer wieder zu aktivieren und sie so an sich zu binden. Das ist nicht alleine eine Stärke von Selfpublishern, diese sehe ich natürlich auch bei Verlagsautoren, aber es ist ein Phänomen, welches gerade bei erfolgreichen Selfpublishern durchgängig zu beobachten ist.

Selfpublisher probieren sich in Sachen Social Media gerne aus. Sie wissen, wie wichtig Social Media für ihren Bucherfolg ist. Vielleicht stehen Sie noch am Anfang, haben noch großen Respekt davor und viele Fragen – darauf werden Sie in diesem Buch Antworten finden. Wer als Selfpublisher erfolgreich ist, der weiß Social Media für sich zu nutzen. Wenn Sie noch am Anfang stehen können Sie noch gar nicht so weit sein – aber Sie haben alle Möglichkeiten, dank Social Media genauso erfolgreich zu werden.
Machen Sie sich bewusst, dass die Leser, die Ihr E-Book kaufen, häufig internetaffin sind. Und dass Social Media Ihnen hilft, leichter Bücher zu verkaufen: Der Kauf eines E-Books ist von Facebook, YouTube, Online-Magazinen, Foren und Gruppen aus nur einen Klick entfernt und schnell getätigt. Dank Buchbesprechungen auf Blogs, Blogger- und Leser-Aktionen und Buchrezensionen können potenzielle Leser schnell einen Eindruck von Ihrem Buch bekommen – die Entscheidung für oder gegen

ein Buch findet also meistens schon viel früher statt und nicht erst, wenn sie auf Amazon oder im Buchhandel sind. Ich werde zu einem späteren Zeitpunkt noch einmal genauer auf die Dynamik von Social Media eingehen.

Autorentipp
Machen Sie sich Ihre Stärken, Vorlieben und Fähigkeiten bewusst und richten Sie Ihr Buchmarketing an ihnen aus.

Zusammenfassung

In diesem Kapitel habe ich Ihnen aufgezeigt, dass egal ob Sie Verlagsautor oder Selfpublisher sind, Sie die gleichen Möglichkeiten und Chancen haben, erfolgreich zu werden. Sie können voneinander lernen und sich gegenseitig inspirieren. Buchmarketing unterscheidet sich hier nicht, Sie können alle Informationen und alle Anleitungen in diesem Buch sowohl als Verlagsautor als auch als Selfpublisher anwenden. Beide können selbst viel für ihren Erfolg tun – und müssen es auch, um stetig sichtbar und als Autor langfristig gutes Geld mit dem Schreiben zu verdienen.

Der vernetzte Leser

Das Internet hat das Wo und Wie des Austauschs zwischen Autor und Leser grundlegend verändert. Bücher lesen ist heutzutage ein Gemeinschaftsprojekt – Leser, Blogger und Kritiker vernetzen sich, tauschen sich aus und nutzen Online-Plattformen, so genannte „Virtual Communitys", um ihre Meinung über ein Buch zu verbreiten. „Virtual Communitys verbinden Teilnehmer gemeinsamer Interessen, ohne dass ein räumliches Zusammentreffen stattfindet"[1]. Während die früher beliebten Lesetreffs im Ort eher passé sind, ist in den letzten Jahren eine Generation „Online-Leser" herangewachsen, die große und kleine Communitys bilden und bei unzähligen jungen Menschen Gehör finden. Als Communitys verstehen wir dabei virtuelle Treffpunkte, auf denen ein Dialog zu einem bestimmten Thema stattfindet und in denen auf diese Weise Meinungen entstehen und sich viral verbreiten. Größere Communitys für Lesebegeisterte sind Plattformen wie „LovelyBooks", „Blogg dein Buch" oder „vorablesen" – kleinere Communitys sind Fan-Communitys der Autoren, aber auch Bücher-Blogs, denen von hundert bis mehreren tausend Leser folgen, die sich an Diskussionen und Aktionen beteiligen und miteinander im Austausch sind. Alleine das Lese-Netzwerk LovelyBooks verzeichnete in 2015 190.000 Mitglieder.[2] Solche Communitys ermöglichen dem Leser den direkten Kontakt zum Autor: Über Leserunden oder private Nachrichten kann er dem Autor direkt Feedback zu seinem Buch geben.

Neben den Leseplattformen finden wir auch die klassischen Foren vor, z. B. die „Büchereule", das größte deutsche Literaturforum mit rund 12.000 Mitgliedern[3]. Mit rund 2.500 Mitgliedern etwas kleiner, aber ebenfalls sehr beliebt, ist das Literaturforum „Literaturschock"[4]. Dazu gibt es genrebasierte Communitys wie zum Beispiel die „Krimicouch" für Liebhaber von Krimis und Thriller[5]. Einige Verlage haben die Macht der Communitys erkannt und eigene Communitys geschaffen, darunter das „Bloggerportal" der Verlagsgruppe Random House, die Seite „Buchboutique" von Rowohlt oder die Vorablese-Plattform „vorablesen.de" von den Ullstein Buchverlagen. Die Verlage können dank der eigenen Plattformen genau die Leser und Blogger an sich binden, die an ihren Büchern interessiert sind. Sie regen dazu an, sich auf den Plattformen über die Bücher auszutauschen. Bei vorablesen bekommen die Leser sogar Zusatzpunkte, wenn sie ihre Beiträge auch auf anderen Kanäle wie Amazon, LovelyBooks, Buch.de usw. teilen – die Reichweite wird erhöht und der Leser fühlt sich durch die Punkte-Challenge motiviert mitzumachen. Der Diana Verlag hingegen hat mit „Herzenszeilen.de" – einen eigenen Blog über Liebesromane – eine Anlaufstelle für Liebesroman-Leser geschaffen, auf dem die aktuellen Neuerscheinungen vorgestellt und diskutiert werden.

Neben den Leser-Communitys wird das Lesen natürlich auch durch die klassischen sozialen Netzwerke wie Facebook, Twitter oder Instagram geprägt. Hier haben Autoren „Freunde", „Fans" oder „Follower" und tauschen sich in Gruppen, Kreisen oder via Hashtags über Bücher aus, holen sich Lesetipps und verbreiten ihre Meinung über ein Buch mit ihren Freunden. Über die sozialen Netzwerke können Communitys im Kleinen entstehen, zum Beispiel eigene Fan-Gruppen, die sich um den jeweiligen Lieblingsautor bilden. Der Autor wird zum Idol, der Leser zum Fan. Hier hat der Autor eine größere Verantwortung – er muss „seine" Community steuern, immer wieder mit Inhalten füttern und seine Fans bei Laune halten. Denn so wie die Kraft der Gruppendynamik einen Autor pushen kann, so birgt eben diese Dynamik auch Risiken.

Was passiert, wenn sich Leser miteinander vernetzen? Ein oder mehrere User treten online miteinander in Kontakt – ein Netzwerk entsteht, eine Mini-Interessensgemeinschaft. Auch wenn sie nur kurz Kontakt hatten, indirekt bleiben sie in Kontakt, ohne dass sie sich Nachrichten schicken und aktiv austauschen müssen. Über die Status-Updates erfahren sie auch so alle Neuigkeiten des anderen. Gleiches passiert, wenn sich User einem Blog anschließen, diesem „folgen".

Diese Struktur hat für den Autor einige Vorteile: Leser sind leichter zu erreichen und mit Informationen zu füttern. Viel schwieriger ist es, den Leser in der Buchhandlung zu finden und ihn mit Eigeninitiative auf sich aufmerksam zu machen. Das geht nicht so einfach, schon gar nicht als Selfpublisher. Der Großteil der Leser ist heute online aktiv. Hier kann der Autor ihn leicht finden und seine Informationen gezielt streuen. Ein weiterer Vorteil ist die virale Verbreitung von Inhalten, das heißt, wenn User Inhalte, Videos oder Bilder mit ihren Freunden teilen, diese wiederum mit ihren Freunden usw. So schaffen Sie Reichweite, erzeugen Aufmerksamkeit bei immer neuen Lesergruppen und das sogar kostengünstig.

Der vernetzte Leser hat aber auch Nachteile: Autoren müssen immer kreativer werden, um ihn noch zu überraschen. Denn dieser ist in einer Vielzahl von Communitys und Netzwerken aktiv, folgt einigen Autoren, die alle um seine Aufmerksamkeit buhlen. Damit Sie hier die Pole-Position einnehmen, ist ständige Aktivität gefordert. Der Leser muss das Gefühl haben, dass Sie immer da sind – ihn mit neuen, spannenden, witzigen Aktionen unterhalten, ihn hinsichtlich Neuerscheinungen auf dem Laufenden halten und ihm dafür, dass er Ihnen folgt, etwas bieten. Der vernetzte Leser hat hohe Erwartungen. Er möchte auch einmal etwas gewinnen, er möchte Ihre Aufmerksamkeit, er möchte ein wichtiger Teil in Ihrem Autorendasein sein.

Sorgen Sie deshalb für eine ausgeglichene Balance an Aktionen,

Informationen und Dialog innerhalb Ihrer eigenen Community. Achten Sie auf die Reaktionszeit auf Kommentare. Wenn Sie erst nach Tagen auf einen Kommentar antworten, kann das schon dazu führen, dass sich der User nicht wahrgenommen fühlt und „geht" (die Seite entliked). Haben Sie außerdem im Blick wer besonders aktiv ist und wer schon mehrmals etwas gewonnen hat und wer nicht.

Führen Sie sich die Dynamik der Communitys und die Kraft der viralen Verbreitung vor Augen. Dann sind Sie sich auch dessen bewusst, dass sich eben auch negative Beiträge schnell verbreiten können.

Zusammenfassung

Einst trafen sich Lesebegeisterte beim wöchentlichen Büchertreff und tauschten sich über gerade gelesene Bücher aus. Ansonsten fand weniger Austausch statt, man las „alleine". Heute ist Lesen ein Gemeinschaftserlebnis und unterliegt einer besonderen Dynamik, die wichtig ist, zu verstehen, um sie für sein Buchmarketing nutzen zu können. So wie sich Buchempfehlungen schnell und weit verbreiten können, so können auch Buchverrisse Wellen schlagen. Indem Sie mehr Möglichkeiten für positive Bewertungen schaffen und im Austausch mit dem Leser bleiben, können Sie Kritik jedoch auffangen, bevor sie ihre Runden macht. Sie können Ihre Bücher verbessern und Ihre Marketingmaßnahmen effizienter an den Bedürfnissen Ihrer Zielgruppe ausrichten. Der vernetzte Leser ist nicht länger das unbekannte Wesen, die Wege für Kommunikation sind kurz und sollten im Marketing genutzt werden. Die veränderten Marktbedingungen sind eine Herausforderung für neue Autoren, aber sie bieten auch Voraussetzungen, die es jedem Autor ermöglichen, erfolgreich zu werden.

Strategie & Positionierung

Bevor ich mit Ihnen über mögliche Marketingmaßnahmen und deren konkrete Umsetzung sprechen kann, müssen wir uns zuerst mit den Themen Strategie und Positionierung auseinandersetzen. Solche Konzepte haben bei vielen häufig einen bitteren Beigeschmack: zu theoretisch, zu passiv, zu wenig umsetzbar – so die häufige Meinung. Doch Sie werden beim Lesen dieses Kapitels sicherlich den ein oder anderen „Aha-Moment" erleben. Ich werde nämlich nicht nur über Konzepte sprechen, sondern vor allem an die Praxis gehen. Denn so gut wie es ist, dass Sie dieses Buch lesen – es bringt erst etwas, wenn Sie das Gelesene und Gelernte in die Tat umsetzen.

Autoren brauchen eine strategische Ausrichtung: Sie ist es, die für Klarheit in der Kommunikation sorgt und den Rahmen für Marketingmaßnahmen bildet. Sie gibt die Richtung dessen vor, wie Sie sich nach außen hin positionieren, also welches Bild Sie insgesamt von sich zeigen wollen. Dabei kann es darum gehen, ein völlig neues Bild von sich zu entwerfen oder ein bereits vorhandenes klarer zu zeichnen. Die Positionierung klärt Fragen wie: Was zeigen Sie wie und in welcher Form von sich? Was sind Ihre Schwachstellen und wie können Sie mögliche Lücken füllen? Was sind Ihre Stärken und wie können Sie diese nutzen? Und natürlich: Wo wollen Sie hin, was sind Ihre Ziele?

Wenn Sie ein strategisches Konzept erstellen, gibt es einige Punkte zu beachten. Am Ende soll es Erkenntnis und eine stringente Aktivität in das Handeln bringen. Es ist wie eine Gebrauchsanleitung, die vorgibt, wann was wie zu tun ist. Aber es ist nicht in Stein gemeißelt, denn der Markt verändert sich und damit auch Ihre Ziele und die Strategie. Eine strategische Ausrichtung hilft, Ihre Leser besser kennenzulernen – dadurch können Sie noch mehr auf ihre Bedürfnisse eingehen.

Ein Beispiel: Nehmen wir an, Sie haben schon ein paar Bücher veröffentlicht, alle paar Jahre ein neues Buch und immer mit einem anderen Thema. Dann kann es passieren, dass Ihre Leser nicht wissen, wo sie Sie einordnen sollen. Und Sie kennen Ihre Zielgruppe womöglich auch nicht. Vielleicht wissen Sie noch gar nicht, wo sie sich aufhalten und was sie konkret für Bedürfnisse haben. Nun beschließen Sie, eine neue Ausrichtung zu wagen und sich verstärkt dem Bereich Liebesromane zuzuwenden. In Ihrem Jahresplan sehen Sie alle 3–4 Monate eine Neuveröffentlichung vor, insgesamt also 3 Bücher in diesem Jahr. Alle 3 Bücher werden beim Vermarkten an Ihre Positionierung angepasst. Der Leser versteht nun, wo er Sie als Autor einordnen kann. Er findet das erste Buch gut und da Sie nun einen Plan haben, können Sie ihm gleich kommunizieren, wann das nächste Buch erscheint. Über die Monate hinweg bleiben Sie mit den Lesen über Aktionen in Kontakt, es kommen immer mehr Leser hinzu, weil Sie jetzt genau wissen, wer die Leser für Ihre Bücher sind, was diese wollen und welche Erwartungen sie haben. Nach einem Jahr werden Sie sehen, dass sich Ihr komplettes Autorendasein verändert hat. Es hat „Hand und Fuß" bekommen, einen Plan, der Ihnen immer wieder hilft, sich zu orientieren. Sie kennen nun Ihre Zielgruppe und können beispielsweise einschätzen, wie die beste Zeitspanne von Buch zu Buch ist, ob Ihre Ausrichtung genau so ankommt, wie sie geplant war und so weiter.

Nun, das war ein Beispiel. Es gibt jedoch keine einheitliche Strategie, die auf jeden Autor und damit auf jedes Genre und Buch anwendbar ist. Ein Kochbuch wird anders vermarktet als ein Ratgeber und dieser wiederum anders als ein Liebesroman.

Da Autoren wie Unternehmer agieren, muss die strategische Ausrichtung auch die Kommunikation des „Unternehmens Autor" mit einbeziehen. Das bedeutet, es geht nicht allein um die Marketingplanung für ein Buch, sondern um die Entwicklung einer Kommunikationsstrategie, damit – auch bei Kritik und Gegenwind – klar ist, wie Sie sich nach außen zeigen, nach welchen Kriterien Sie handeln und welche Ziele Sie verfolgen. Die Strategie soll nachvollziehbar, schlüssig und kreativ sein und zum Autor passen. Ein Konzept sollte sich auch mit bisherigen Schwachstellen in der Kommunikation beschäftigen und Handlungsoptionen bereithalten, wie diese zukünftig ausgemerzt werden können.

Möchten Sie in der Kommunikation mit Ihren Lesern oder Autoren einen offenen Dialog fördern, ist es wichtig, dies auch in Momenten der Krise beizubehalten.

Ein weiteres Beispiel: Ein kleiner Verlag (dessen Namen ich hier nicht nennen möchte) kommunizierte mit seinen Autoren stets sehr persönlich und offen. Kurz vor der Buchmesse und nach Erscheinen von 10 neuen Buchtiteln im Verlag erkrankte die Verlegerin plötzlich. Der Ehemann der Verlegerin kommunizierte an die Autoren, dass sie nun für einige Wochen ausfiele – versperrte sich aber den darauffolgenden Nachfragen und brach die Kommunikation ab. Unter den Autoren entwickelte sich Unmut, es wurde viel spekuliert. Man fühlte sich nicht verstanden. Und das, obwohl zuvor ein äußerst vertrauensvolles Verhältnis zwischen Verlegerin und Autoren herrschte! Um dem ganzen Desaster noch die Krone aufzusetzen, schloss der Ehemann der Verlegerin die verlagseigene Autoren-Gruppe auf Facebook – so dass sie keine Möglichkeit mehr haben sollten, sich auszutauschen. Dies führte dann dazu, dass sich die Autoren öffentlich darüber ärgerten – anstatt dies in einer geschlossenen Gruppe fern der Öffentlichkeit oder direkt mit dem Verlag zu tun.

Solche Situationen können jederzeit entstehen, sowohl beim einzelnen Autor als auch bei Verlagen. Hier ist es wichtig, einen

Ansprechpartner bereitzustellen, an den sich Leser, Autoren oder Geschäftspartner wenden können. Ist dies nicht möglich, muss eine logistische Alternative geboten werden – beispielsweise das Einrichten einer Krisen-E-Mail-Adresse, oder Sie sammeln die Fragen und beantworten diese via Video-Übertragung live. Auch könnten die Fragen in einem Q&A-Katalog beantwortet und an die Autoren/Leser nach Hause geschickt werden, mit der Bitte um Verständnis und einer Erläuterung der Situation. In jedem Fall ist es wichtig, die zuvor eingeleitete Kommunikationsstrategie – nämlich den offenen, herzlichen Dialog – beizubehalten. Ändert der Unternehmer sein Verhalten plötzlich, sind Kunden (Autoren, Leser …) irritiert, das Vertrauen sinkt. Im schlimmsten Fall kann der eigene Name – die eigene Marke – einen Imageschaden erleiden und der Vertrauensbruch ist nur sehr schwer wieder zu kitten.

Eine Strategie in Marketing und PR legt damit nicht nur die Ausrichtung zum Erfolg fest, sondern dient auch in Zeiten der Krise als Fahrplan.

Situationsanalyse

Die Situationsanalyse gibt Aufschluss darüber, wo Sie aktuell stehen, welche Maßnahmen Sie bereits umgesetzt haben und in welchen Bereichen Sie mehr tun können. Zu Beginn der Situationsanalyse stellen Sie sich folgende Fragen: Schreiben Sie in Vollzeit oder nebenbei, sind Sie Debütautor oder bereits mit einigen Büchern am Markt? Welchem Wertebild, welchen Prinzipien folgen Sie in Ihrer Arbeit, wie viel Zeit haben Sie für das Marketing, wie sind Ihre Vorkenntnisse, was sind Ihre Stärken und Schwächen?
Machen Sie eine genaue Bestandsaufnahme und benennen Sie, wo Sie gerade stehen.

Autorentipp
Bei der Ausarbeitung der Strategie empfiehlt sich eine ehrliche Brille auf Ihre Ausgangssituation. Nur wenn Sie wissen, wo Sie genau stehen und wo Ihre Schwachstellen sind, können Sie an ihnen wachsen und Ihre Ziele erreichen.

Nun gehe ich noch einen Schritt weiter und widme mich dem Bereich Marketing. Beantworten Sie die Fragen realistisch und ehrlich – es ist gar nicht schlimm, wenn Sie hier und da noch wenig gemacht haben. Um das zu ändern, lesen Sie ja dieses Buch.

- Wie bekannt sind Sie als Autor am Markt und bei den Lesern auf einer Skala von 0-10? (Messwerte könnten sein: Ihre Buchverkäufe, Ihre Followerzahlen auf Facebook oder Ihre Auftritte auf der Buchmesse)
- Wie kommunizieren Sie als Autor aktuell?
- Welche Maßnahmen in Sachen Marketing und Kommunikation haben Sie bereits umgesetzt oder gestartet?
- Welche Marketing- und Kommunikationsziele haben Sie?
- Mit welchen Instrumenten und Tools, auf welchen Plattformen und über welche Kanäle kommunizieren Sie bereits?
- Wie präsentieren Sie sich gegenüber den Medien und wie ist die Resonanz?
- Wie ist Ihr Status quo in den sozialen Medien (soziale Netzwerke wie Facebook, Twitter, aber auch Lese- und Buchplattformen usw.)? Welche Maßnahmen wurden hier bereits umgesetzt, wo ist noch Verbesserungsbedarf und was sind hier Ihre Ziele für die Zukunft?

- Wo mangelt es noch an Struktur und Kontinuität? Haben Sie einen Blog, der eingeschlafen ist, oder einen Newsletter, den Sie nicht bedienen? Und welche Gründe können Sie für die mangelnde Kontinuität ausmachen?

Marktanalyse

Wer seinen Markt kennt, kann sich zielgerichteter positionieren und sich zu einem Unikat machen. Bei der Vielzahl an Neuveröffentlichungen und dem damit großen Wettbewerb im eigenen Genre ist es wichtig, dass Sie Ihre Einzigartigkeit hervorheben. Damit Sie genau den Punkt finden, der Sie und Ihre Bücher einzigartig macht, müssen Sie wissen, was der Wettbewerb macht und wie Ihre Leser, also Ihre Zielgruppe, aussehen. Die folgenden Fragen werden Ihnen dabei helfen, den Markt und Ihre Leser besser zu ergründen:

- In welchem Genre befinden Sie sich?
- Wie sieht der Markt in Ihrem Genre aus?
- Was sind die USPs (Alleinstellungsmerkmale), die den Autor vom Wettbewerb abgrenzen?
- Wer ist der Wettbewerb und was macht ihn aus?
- Wie sieht Ihre Leserstruktur aus? – Welches Alter haben Ihre Leser, welche Vorlieben, sind sie aktiv oder eher wenig aktiv, sind sie online-affin oder haben sie mit dem Internet nichts am Hut? Wo kaufen sie ihre Bücher, bei Amazon, Thalia oder im stationären Buchhandel? Sind sie E-Book-Leser oder mögen sie Taschenbücher? Und letztlich: Was wünschen sie sich von einem Autor? Viele tolle Aktionen, Gewinnspiele oder regelmäßig neue Bücher? Oder die Möglichkeit, den Autor live zu treffen?

- Wie sieht es mit der Zufriedenheit der Leser aus? An welchem Punkt der „Idol-Skala" stehen Sie? Haben Sie bereits richtige Fans oder gar schon eine Fan-Community?
- Neben den Lesern – welche weiteren Multiplikatoren sind in Ihrem Genre wichtig? Welche Blogger sind z. B. in Ihrem Genre führend? Oder schreiben Sie einen Ratgeber und haben daher eine große Community aus Betroffenen, Gleichgesinnten, Angehörigen, Fachkreisen usw., die Sie bei Ihren Aktivitäten unbedingt einbinden müssen?

Wenn Sie wissen, wer Ihre Zielgruppe ist und wo Sie diese finden können, können Sie Ihre Marketingmaßnahmen zielgerichteter und damit effizienter ausrichten.

Die Definition der Ziele

Damit Sie wissen, wo die Reise hingehen soll, ist die Definition von Zielen essentiell. Ziele dienen als „Orientierungs- und Richtgröße"[6], an der alle Marketingmaßnahmen, die Sie später umsetzen, ausgerichtet werden.
Ziele sind nicht dazu da, sich selbst oder Dienstleister unter Druck zu setzen. Sie dienen als Richtlinie und Motivation. Sie bringen Klarheit ins Tun.
Dabei gibt es unterschiedliche Typen von Zielen. Und die wollen wir uns jetzt genauer ansehen. Ziele lassen sich in verschiedene Bereiche unterteilen[7]. So gibt es Unternehmensziele (diese zielen auf den wirtschaftlichen Erfolg eines Unternehmens ab), Marketingziele (z. B. Marktanteil oder Image) sowie die Kommunikationsziele (Aufmerksamkeit oder Akzeptanz). Dann gibt es Ziele, die nur einen Teilbereich betreffen, z. B. Ziele, ein Event betreffend. Sowie Phasen- und Projektziele, die für ein Projekt innerhalb eines festen Zeitraumes gelten. Und es gibt

Maßnahmenziele, z. B. die Ziele eine Lesereise oder Messe-Aktion betreffend.
Diese Ziele lassen sich wiederum in Wahrnehmungsziele (z. B. das Steigern des Bekanntheitsgrades), Einstellungsziele (setzen emotional an, z. B. Sympathie steigern) und Verhaltensziele (konkrete Zielaussagen wie z. B. 200 neue Follower in zwei Wochen) unterteilen[8].

Jetzt geht es an das Formulieren Ihrer Ziele. Hierbei hilft uns das SMART-Modell, mit dem Sie jedes Ziel überprüfen können:[9]

S = spezifisch: Ziele sind auf die Kommunikationsaufgabe bezogen;
M = messbar: Ziele haben klare Kennziffern, die einen Vergleich ermöglichen;
A = akzeptiert: Ziele sind allen Beteiligten bekannt und von ihnen akzeptiert;
R = realistisch: Ziele lassen sich tatsächlich verwirklichen;
T = terminiert: Ziele geben einen klaren Zeithorizont vor.

Jedes Ziel, das Sie festlegen, sollte auf diese Punkte hin überprüft werden. So kann ein Ziel zwar messbar sein, z. B. die Anzahl der Follower auf Facebook, aber nicht realistisch – wenn das Ziel zu hoch gefasst ist. Je nachdem wie viel Budget vorhanden ist, können Sie überprüfen, ob Sie damit wirklich das formulierte Ziel erreichen können. Wer wenig Budget hat, aber sich hohe Ziele steckt, der sollte hier noch einmal nachjustieren.
So könnte die grundlegende Kommunikationsaufgabe sein, Ihren „Bekanntheitsgrad bei Ihrer Zielgruppe zu erhöhen". Ein Ziel dafür könnte sein, dass Sie bei Ihren Social-Media-Aktivitäten 20 Prozent mehr Beteiligung verzeichnen als zuvor. Ein anderes Ziel könnte sein, dass mindestens 1.000 User in einem begrenzten Zeitraum (z. B. innerhalb von drei Monaten)

mehr auf die eigene Website gelangen oder sich 200 Personen neu in den Newsletter eintragen.

Sie können sich auch kleinere Ziele stecken: Ein erfolgreicher Buchlaunch mit der Summe x an Vorbestellungen, oder ein Messeauftritt mit einer Anzahl x an Leseraktionen, eine Lesereise in fünf verschiedenen Städten in Deutschland oder eine Blogger-Aktion mit 10 Bloggern. Sie können sich als Ziel setzen, die Nähe zum Leser auszubauen und mit ihnen in den Dialog zu treten (definieren Sie hier wie oft und auf welchen Kanälen Sie in den Dialog gehen möchten, auch was „Dialog" für Sie bedeutet).

Haben Sie nun Ihre Ziele formuliert, sollten Sie diese priorisieren. Was ist Ihnen besonders wichtig, was sollte vor anderen Zielen umgesetzt werden (z. B. empfiehlt es sich, größere Social-Media-Aktionen erst dann umzusetzen, wenn Sie eine Fan-Base vorweisen können, um das Ziel einer gewissen Beteiligung erreichen zu können).

Unterteilen Sie Ihre Ziele in langfristige und kurzfristige Ziele. Der Aufbau eines Corporate Blogs ist eine langfristige Maßnahme, die konsequente Pflege und guten Content erfordert.

Ein kurzfristiges Ziel ist eine erfolgreiche Leserunde oder eine Anzahl neuer, guter Rezensionen zu Ihrem Buch.

Wenn Ihr Ziel zu unerreichbar scheint, setzen Sie sich kleinere Etappenziele.

Autorentipp
Setzen Sie sich realistische Ziele. Was ist wirklich in welcher Zeit zu erreichen?

Erarbeiten Sie Ihre Positionierung

Gleich ob Sie nur ein Buch oder eine ganze Bandbreite an Büchern veröffentlicht haben – wenn Sie am Markt interagieren formen Sie bei Ihrer Zielgruppe eine gewisse Außenwirkung – Ihr Image. Wer sich erfolgreich positionieren möchte, der kommt nicht umhin, seine Position am Markt genau zu bestimmen und zu kommunizieren. Was bedeutet Positionierung eigentlich? Die Positionierung gibt Klarheit darüber, wer Sie sind und wie Sie sich am Markt zeigen wollen. Dabei geht es darum den zu Ihnen und Ihren Büchern passenden Weg zu finden – ein Bild zu zeichnen, das Ihnen entspricht und Ihre Stärken und Besonderheiten bei der Zielgruppe hervorhebt. Ein Buch, das von Lesern anders wahrgenommen wird als der Autor es vorgesehen hat, kann zu Verwirrung und in der Folge zu schlechten Rezensionen und mäßigen Buchverkäufen führen.

Die Positionierung im Buchmarketing beginnt deshalb schon beim Autor selbst, wirkt sich aber auch auf die Einordnung eines Buches ins richtige Genre und dem Gestalten von Cover und Klappentext aus. Das Cover verrät dem Leser bereits, was er vom Buch erwarten kann. Hat beispielsweise ein Liebesroman ein Cover mit Fantasy-Elementen, könnte das zu Verwirrung führen. Denn Leser, die auf der Suche nach einem Liebesroman sind, würde dieses Cover nicht ansprechen, wohingegen Fantasy-Leser enttäuscht wären, weil das Cover etwas anderes vermittelt als der Inhalt. Genauso der Klappentext – benutzen Sie Worte wie „Fantasy", auch wenn Ihr Buch nicht wirklich Fantasy bietet, sorgt das für Verstimmung – denn Fantasy-Fans erwarten dann auch richtige Fantasy. Gleichwohl sollte ein Roman, in dem es nur nebenbei um die Liebe geht, nicht als Liebesroman beschrieben werden.

Das Fundament Ihrer Positionierung stellen Ihre zuvor definierten Ziele dar. Die Positionierung bildet als Grundriss das Haus, das auf diesem Fundament steht. Sie gibt Ihrem Haus sein ureigenes Look-and-feel. Sie gibt Ihnen den Rahmen für all das, was Sie brauchen, um stabil und stark am Markt zu bestehen.

Fehlt eine Positionierung, ist dies relativ schnell erkennbar. Die Außenwirkung, Kommunikation, ja selbst die Produkte sind schwammig und schwer einzuordnen. Der Leser weiß nicht, ob er sich angesprochen fühlt oder nicht. Die Kollegen nehmen den Autor kaum wahr. Er wird höchstens als blass, ja gar als langweilig wahrgenommen.

Wissen Sie aber, wer Sie sind und wie Sie sich zeigen möchten, können Sie der Blässe Farbe einhauchen, zaghaften Linien Ecken und Kanten geben und ein schwammiges Portfolio in eine unverkennbare Marke verändern. Finden Sie mit der Positionierung heraus, wohin Sie wollen – sie hilft Ihnen, sich langfristig immer wieder daran auszurichten und dem Leser, Kunden und dem Markt durch eine klare Linie in der Kommunikation Verlässlichkeit und Wertigkeit zu vermitteln.

Dazu brauchen Sie kein neues Buch zu schreiben. Eine Positionierung ist auf den Punkt gebracht. Manchmal beginnt sie mit Ihren Zielen, Stärken oder was Sie ausmacht. Manchmal mit einer Idee, die dann ausgearbeitet ein starkes Bild abgibt.

Ein Beispiel: Die Bestsellerautorin Emma Wagner ist regional mit Heidelberg eng verbunden und hat buchstäblich „ihr Herz an Heidelberg verloren".[10] Sie hat sich diese besondere Liebe zu einem Aushängeschild gemacht und sich mit dem Slogan „Herz, Humor und Heidelberg" positioniert.

Als Autor – gleich ob Verlagsautor oder Selfpublisher – werden Sie sich vielleicht fragen, ob Sie wirklich eine Positionierung brauchen. Gibt der Verlag oder das Buch diese nicht automatisch vor? Nun, das stimmt zum Teil, aber nicht ganz. Ihr Verlag

hat seine eigene Positionierung und womöglich hilft er Ihnen dabei, sich in Ihrem Genre zu positionieren. Aber das ist nicht immer der Fall. Sie werden nicht umhin kommen, für sich selbst Klarheit in Ihre eigene Linie zu bringen. Auch als Selfpublisher müssen Sie sich fragen: „Wer bin ich, wie sehe ich mein Buch und wo möchte ich hin? Wie möchte ich wahrgenommen werden? Möchte ich ‚Mainstream' sein bzw. kann mein Buch dort eingeordnet werden? Oder ist es spezieller und bedarf daher einer besonderen Positionierung?"
Wenn Sie dann eine Idee von der Positionierung haben, fragen Sie sich als nächstes, ob diese auch zu Ihrer Zielgruppe passt. Vermittelt der Klappentext das, was sie von einem Buch ihres Lieblingsgenres erwartet und spricht sie das Cover, der Internetauftritt, die Facebook-Plattform an? Wenn Sie humorvolle Bücher schreiben, wollen Sie sich selbst als Autor auch humorvoll zeigen?
Wollen Sie in Ihrem Genre eine starke Position einnehmen, benötigen Sie ein Alleinstellungsmerkmal, mit dem Sie sich von anderen abgrenzen. Wie Sie dieses Alleinstellungsmerkmal finden, schauen wir uns im nächsten Kapitel an.

Finden Sie Ihr Alleinstellungsmerkmal

Ziel eines gelungenen Positionierungskonzeptes ist das Finden und Darstellen des so genannten USP (Unique Selling Proposition), was im Deutschen auch „Alleinstellungsmerkmal" genannt wird. Ein USP kann ein Leistungsmerkmal oder eine Besonderheit eines Produktes oder Unternehmens sein, aber auch eine besondere Dienstleistung, ein Service oder Design.
Nun ist es in einem Buchmarkt, in dem täglich tausende neue Bücher das Licht der Welt erblicken, nicht immer ganz leicht, einen guten USP zu finden. Da haben Sie es leichter, wenn Ihr

Buch „lediglich" Ihre Expertise oder eine Dienstleistung unterstreicht. Aber auch in einem Genre wie das der Liebesromane können Sie eine einzigartige Marke erschaffen, die Sie von der Konkurrenz abhebt. Nehmen Sie die Liebesromanautorinnen Poppy J. Andersson, Emma Wagner oder Virginia Fox. Sie alle sind im Bereich Liebesromane sehr bekannt und anerkannt. Über sehr regelmäßige Marketingaktionen, konsequenten Austausch mit Lesern und Bloggern bis hin einem einheitlichen Auftreten nach außen ist es ihnen gelungen, mit ihrem Namen eine Marke zu kreieren, die einzigartig ist.

Wenn Sie Ihre Positionierung und Ihr Alleinstellungsmerkmal erarbeiten, beachten Sie folgende Dinge:

- Behaupten Sie nichts, was nicht der Wahrheit entspricht. Betiteln Sie sich als Bestsellerautorin, obwohl Sie nur ein, zweihundert Bücher verkauft haben? Dann entspricht das nicht der Wahrheit.
- Brechen Sie Ihre Positionierung in konkrete Themen und Botschaften herunter. Als Sachbuchautor positionieren Sie ein bestimmtes Thema, aus dem Sie jeweilige Botschaften ableiten können. Aber auch als Belletristik-Autor können Sie Ihre Vision, z. B. in Form eines Slogans, den Sie auf Ihrer Internetseite und auf Werbeartikeln konsequent platzieren, herunterbrechen.
- Passen die formulierten Botschaften zu Ihrer Philosophie, Ihren Werten und Zielen?
- Ist die Positionierung für die Zielgruppe relevant und nachvollziehbar, verständlich?
- Können Sie sich mit der Positionierung klar vom Wettbewerb abgrenzen?

Analysieren Sie Ihre Zielgruppe

Marketing und PR bedeutet, Informationen über ein Projekt oder eine Dienstleistung an die eigene Zielgruppe zu kommunizieren. Wer ist Ihre Zielgruppe also? Viele Autoren wissen nicht, wie und wo Sie Ihre Zielgruppe finden können. Dabei können Sie recht leicht herausfinden, in welchem Alter Ihre Leser sind, wo sie wohnen und wo sie sich im Internet gerne aufhalten. Ob Ihre Leser auf Facebook oder doch eher in thematischen Foren unterwegs sind, ob sie aktiv oder eher zurückhaltend sind, wenn es um die Teilnahme an Aktionen, Gewinnspielen usw. geht. Ob sie gerne auf Lesungen gehen und ob sie auf Buchmessen anzutreffen sind. Es mag berechnend klingen, sich über all die Dinge Gedanken zu machen – aber wenn Sie sich nicht klar darüber sind, wer Ihre Zielgruppe ist und wo sie zu finden ist, verlaufen Marketingaktionen im Sand. Sie investieren umsonst Geld und das ist doch sehr ärgerlich.

Folgendes können Sie tun, um Informationen über Ihre Zielgruppe online zu finden:

- Schauen Sie sich Ihre Follower in den sozialen Netzwerken genauer an – die Statistiken Ihrer Facebook-Seite geben Ihnen beispielsweise Aufschluss darüber, welches Durchschnittsalter sie haben, wo sie herkommen, was sie gerne mögen (welche Beiträge am Häufigsten gelesen und geliked werden).
- Schalten Sie Werbeanzeigen auf Facebook und analysieren Sie die Zugriffsstatistiken nach Geschlecht, Alter und Region. Wie Sie Werbeanzeigen effizient einstellen, erkläre ich in einem späteren Kapitel.
- Machen Sie eine kleine Umfrage, z. B. indem Sie Ihre Cover zur Auswahl stellen oder den Titel für Ihr neues Buch suchen – wer ist aktiv und macht mit und wer hält sich hier zurück?

Und vor allem, welches Design und welche Titel mögen sie am liebsten?
- Starten Sie eine Verlosung und stellen Sie eine Frage, die die Zielgruppe betrifft, z. B. welches Ihrer Bücher sie am liebsten mögen und warum.
- Starten Sie eine Leserunde und analysieren Sie, wer sich hierfür bewirbt.
- Stellen Sie Ihrer Zielgruppe Fragen: Haben Ihre Leser Lust auf eine Lesung bei ihnen im Ort, was würden sie gerne über Sie wissen, wo wohnen sie, wie haben sie von Ihnen (Ihren Büchern) erfahren und vieles mehr.

An diesem Satz ist etwas Wahres dran: Es wäre verheerend, wenn Leser immer wieder ein Bedürfnis kommunizieren (z. B. der nach einer Lesung in ihrem Ort) und Sie als Autor nicht darauf eingehen würden. Es ist also wichtig herauszufinden, was Ihre Leser wollen und brauchen. Sind sie zufrieden, wenn sie nur ab und zu etwas von Ihnen lesen, oder möchten sie unterhalten werden, möchten sie an Gewinnspielen teilnehmen, möchten sie sich persönlich mit Ihnen austauschen?
Wenn Sie gerade frisch gebackener Autor sind, müssen Sie hier ganz von vorne anfangen. Es dauert eine Weile, aussagekräftige Informationen zu sammeln, denn zu Beginn haben Sie wahrscheinlich noch keine große Lesergruppe. Mit der Zeit und wenn Sie entsprechende Maßnahmen initiieren, erfahren Sie jedoch einiges über Ihre Zielgruppe. Sie werden sicherer im Umgang mit ihr und können besser auf ihre Bedürfnisse eingehen.

Zusammenfassung

In diesem Kapitel habe ich Ihnen die Bedeutung einer strategischen Positionierung erläutert, die Ihnen in Ihrem literarischen

Schaffen, im Umgang mit Ihren Lesern sowie in Zeiten der Krise eine Richtung vorgibt. Diese Strategie müssen Sie nicht in Stein meißeln, im Gegenteil: Bleiben Sie flexibel. Der Buchmarkt, Sie und Ihre Leser verändern sich. Heute stehen Sie anderen Herausforderungen gegenüber als in drei Jahren. Die Ziele von heute sind in einem Jahr nicht mehr aktuell.

Damit Sie sich positionieren können, müssen Sie Ihre Zielgruppe kennen, realistische Ziele formulieren und wissen, wer Sie sind und wohin Sie wollen. Das kann mitunter eine der schwierigsten Schritte sein, da man selbst oft nicht genug Abstand hat, um sich – fernab des eigenen hohen Anspruchs und der Selbstkritik – zu reflektieren und einen klaren Weg abzustecken. Erwarten Sie nicht von sich, dass Sie gleich alles perfekt machen – beginnen Sie bei Ihren Zielen und arbeiten Sie sich Punkt um Punkt weiter vor.

Cover, Titel & Klappentext

Ihr Buch ist eines Ihrer Marketinginstrumente. Denn das Aussehen Ihres Buches ist ein wesentlicher Bestandteil Ihrer Positionierung und zusammen mit dem Titel verrät es dem Leser, was er zu erwarten hat.

Bei der Vielzahl an Veröffentlichungen können Sie von Anfang an nur mit einer Sache überzeugen: Qualität. Neben dem Inhalt müssen vor allem Buchcover, Titel und Untertitel sowie der Klappentext höchste Qualität vorweisen. Deshalb wählen Sie nicht einfach so einen Titel für ein Buch, sondern optimieren Sie ihn, so dass er auf Amazon und Google gut zu finden ist. Schneiden Sie das Cover passgenau auf Ihre Zielgruppe und Ihr Genre zu, so dass es exakt die Leser anspricht, die Sie ansprechen wollen. Worauf hier zu achten ist, wollen wir in diesem Kapitel beleuchten.

Das ideale Buchcover

Es gibt immer noch Autoren, die denken, dass ein Buchcover nicht so wichtig sei. Das Cover wird gar selbst oder vom Freund eines Freundes gestaltet, der schon einmal mit einem Grafikprogramm gearbeitet hat.

Stellen Sie sich Ihr Buch wie den Eingang in ein Haus vor, das Sie mieten möchten. Die Klingel ist nur pro forma befestigt, das Gartentor lässt sich nicht schließen und das Gras im Vorgarten ist hoch gewachsen – wie ist Ihr erster Eindruck von dem Haus? Cover, Titel und Klappentext sollten wie ein spannendes, leichtfüßiges, einzigartiges Entree sein, durch das der Leser gerne geht, um sich das Innere anzuschauen.

Das Buchcover ist ein ganz entscheidender Faktor dafür, ob das Buch gekauft wird oder nicht. Gerade in Zeiten von Amazon, in dem man das Buch nicht mehr haptisch in den Händen hält, aufschlägt, dreht, das Material fühlt, die ersten Zeilen liest, ist das Cover das Einzige, was in den tiefen Schluchten der Online-Büchershops die Aufmerksamkeit auf Ihr Buch lenkt.

Gute Coverdesigner können Ihre Persönlichkeit und Ihre Geschichte in das Cover übertragen. Sie vermögen es, bildlich auszudrücken, was Sie über Monate in Ihrer Geschichte erschaffen haben. Deshalb sind Coverdesigner genauso wichtig für den Erfolg eines Buches wie Lektoren und andere fleißige Menschen, die Experten auf ihrem Gebiet sind und Ihr Buch gemeinsam mit Ihnen zum Erfolg führen.

Tausende Bücher konkurrieren mit jedem neuen Werk – wenn das Buchcover dazu beiträgt, dass der Leser sich den Klappentext genauer ansieht – dann hat es sein Soll erfüllt.

Für das weitere Marketing nimmt das Cover ebenfalls eine wesentliche Rolle ein. Es bildet die Basis für alle weiteren grafischen Elemente, denn durch ein einheitliches Design wird die Wahrnehmung beim Leser gestärkt und gefestigt. Sie kennen bestimmt Bücher, die so ein prägnantes Buchcover haben, dass Sie auf einen Blick den Autor dahinter erkennen. Genau auf diese Weise trägt das Buchcover zu Ihrer Marke bei. Mit einem guten Buchcover erreichen Sie dreierlei: Sie machen auf das Buch neugierig, bleiben damit nachhaltig im Gedächtnis und erschaffen einen Wiedererkennungswert.

Eine unserer Autorinnen, die Liebesromane schreibt, legt besonderen Fokus auf die Augen des Protagonisten oder der Protagonistin auf dem Cover. Sie sollen den Betrachter in ihren Bann ziehen und damit die Tiefe und Emotionen, die den Leser im Buch erwarten, unterstreichen. Durchdacht, witzig, vielleicht auch provozierend – alles ist erlaubt, wenn es nur Ihr Cover von anderen Büchern hervorhebt.

Ein Cover von einem professionellen Buchcoverdesigner kostet nicht viel Geld. Schon ab 300 Euro bekommt man ein tolles Cover für sein Buch und das sollte es mindestens kosten. Alles darunter sind mit großer Wahrscheinlichkeit Cover von Hobby-Grafikern, die mit qualifizierten Coverdesignern oft nicht mithalten können. Bei Top-Designern, die für bekannte Bestseller und große Verlage entwerfen, muss man mit Preisen zwischen 600 und 1.000 Euro pro Cover rechnen.

Verlagsautoren bekommen das Cover von ihrem Verlag erstellt – leider haben sie da nicht immer ein Mitspracherecht. Eine Möglichkeit für Verlagsautoren ist es deshalb, das Cover schon vorab von einem Designer gestalten zu lassen und den Verlag anschließend davon zu überzeugen. Es kann aber sein, dass es abgelehnt wird. Klären Sie deshalb schon zu Beginn Ihres Arbeitsverhältnisses, in welchen Bereichen Sie ein Mitspracherecht haben. Ein guter Verlag arbeitet mit Ihnen zusammen und möchte, dass Sie glücklich mit Ihrem Buch sind. Doch letztlich wissen die Verlagsgrafiker, welche Designs gerade gefragt und von Lesern gewünscht sind. Hier hilft nur eine offene Kommunikation zwischen Ihnen und Ihrem Verlag: Seien Sie offen für Vorschläge und bringen Sie selbst Ideen ein.

So wie bei allen Marketingmaßnahmen gilt auch hier: Qualität zahlt sich immer (!) aus. Es ist für Selfpublisher möglich, dank eines guten Covers tausende Bücher zu verkaufen. Genauso kann ein mieses Cover sehr viel „kaputt" machen. Auch wenn es auf den Inhalt ankommt – der erste Blick zählt – ganz wie im wahren Leben.

Der perfekte Titel für Ihr Buch

Der Titel Ihres Buches ist der Schlüssel zum Erfolg. Mit dem richtigen Titel (gepaart mit einem guten Cover) ist Ihnen der Weg zum Bestseller schon so gut wie geebnet. Amazon beispielsweise kreiert sein Ranking nach den folgenden 3 Schritten:
1. Verkaufszahlen
2. Bewertungen durch die Leser
3. Relevanz des Buchtitels für die Suchanfrage

Nun gibt es mehrere Möglichkeiten, einen guten Titel zu finden. Starten Sie eine Umfrage unter Ihren Lesern (sofern Sie bereits eine ordentliche Anzahl haben), z. B. auf Facebook. Tools wie „typeform" helfen Ihnen dabei, eine tolle Umfrage zu erstellen und sie via Link mit Ihren Fans zu teilen. Bitten Sie sie um ihre Mithilfe – die meisten Leser freuen sich, wenn man sie um Rat fragt.

Ein Buchtitel sollte kurz, prägnant und einzigartig sein. Er sollte darauf abzielen, was der Leser im Buch erwartet – und eventuell auch das Genre widerspiegeln. Versetzen Sie sich in Ihre Zielgruppe hinein: Mit welchen Keywords würden sie nach Büchern suchen?

Benennen Sie Elemente aus Ihrem Buch (Charaktere, Rollen, Situationen, Schwerpunkte, Oberthemen oder Stimmungen). Vermeiden Sie Werbeaussagen („Das beste Buch aller Zeiten"), Verschönerungsadjektive („großartig", „ultimativ") und kurzlebige Formulierungen, die schnell nicht mehr aktuell sind („neu"). Allgemeinbezeichnungen („Buch", „Buch mit DVD") und Großschreibung, Tippfehler, Fantasieworte bringen Sie nicht weiter.

Halten Sie bei Serien eine konsequente Linie ein, die deutlich macht, dass die Bücher zusammen gehören.

Achten Sie bei der Wahl Ihres Buchtitels auch darauf, dass es diesen nicht bereits gibt. Dies führt nur zu Verwirrung bei den Lesern und macht Ihre Vermarktung schwammig.

Bei der Auswahl des Titels ist es darüber hinaus sehr wichtig, dass er so genannte Keywords enthält, damit der Leser das Buch bei seiner Suche bei Google oder auch auf Amazon finden kann. Um die richtigen Keywords für Ihren Buchtitel ausfindig zu machen, gibt es Möglichkeiten, die ich Ihnen im Folgenden vorstellen möchte:

Der einfachste und schnellste Weg, um die richtigen Keywords bei Amazon zu finden, ist: Amazon.
Gehen Sie auf http://www.amazon.de und schreiben Sie ein Wort in die Suchfunktion, das Sie für Ihren Buchtitel verwenden möchten. Amazon gibt nun verschiedene Suchwörter zur Auswahl – eine Auswahl an Schlüsselwörtern, nach der Menschen am häufigsten suchen und die Sie für Ihren Titel oder Untertitel verwenden können.

Eine andere, ebenfalls sehr gute Methode ist die Nutzung des Tools Amazon „Kindle Spy"[11]. Dieses Tool stammt aus den USA und zeigt an, welche Kindle-Titel am meisten verkauft werden, welche Schlüsselwörter im Titel am besten funktionieren und welche nicht. Es hilft Ihnen, die zentralen Wörter in den Titeln von Bestsellern zu identifizieren.
Über die „Word cloud" werden Ihnen die fünf Top-Wörter in Bestsellern angezeigt.
Über die Suchfunktion können Sie direkt Ihren Titel überprüfen. Die grünen und roten Buttons verraten, welche Titel die Top-Titel im Verkaufsranking sind.

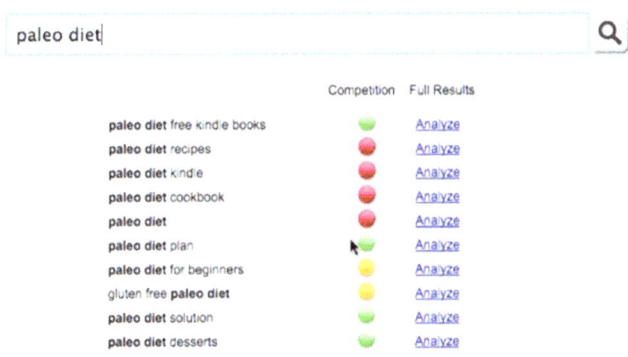

Wenn Sie nun Ihre Keywords für Amazon überprüft haben, müssen Sie sie auch noch für Google überprüfen. Denn Ihr Buchtitel muss auch für die Suchmaschine so optimiert sein, dass der Leser, der nach einem Buch mit diesen Begriffen sucht, auf Ihr Buch stößt. Es ist egal, in welcher Reihenfolge Sie vorgehen – ob Sie zuerst Amazon oder zuerst Google überprüfen. Hauptsache, Ihr Titel ist für Beides optimiert.

Um Ihre Keywords für Google zu überprüfen, können Sie den Google Adwords Keyword Planer verwenden. Er hilft Ihnen, herauszufinden, ob die in Ihrem Titel enthaltenen Keywords eine hohe Relevanz im Suchverhalten potenzieller Leser haben.
Melden Sie sich dazu bei adwords.google.com an und klicken Sie anschließend auf den folgenden Link:
http://t1p.de/googlekeywordplaner

Klicken Sie anschließend auf „Ideen für neue Keywords und Anzeigengruppen suchen".

Geben Sie nun nacheinander ihre Keywords ein. Es erscheint eine Übersicht mit Ihren und ähnlichen Keywords. Unter dem Tab „Keyword Ideen" finden Sie die für Sie relevanten Keywords nach Relevanz aufgelistet. Daran können Sie ablesen, welche Begriffe häufiger gesucht werden als andere.

Der Untertitel

Der Untertitel ist – vor allem für Ratgeber – ein ganz wesentlicher Faktor, damit Ihr Buch von Lesern gefunden wird. Enthält der Titel womöglich nur ein Keyword, dient der Untertitel zur weiteren Spezifizierung. Hier muss der Untertitel im besten Fall alle relevanten Keywords enthalten über die Ihr Buch auf Amazon und Google gefunden werden soll.

Der optimale Klappentext

Der Klappentext genießt nach dem Buchcover und Titel den nächsten Blick des Lesers. Ist er nicht überzeugend, wird das Buch wieder aus der Hand gelegt oder weitergeklickt. Was macht nun einen guten Klappentext aus?

1. Schreiben Sie in der 3. Person.
2. Auch wenn Sie der Autor Ihres Buches sind, schreiben Sie stets über sich in der 3. Person. Hier geht es um Marketing und im Marketing sagt man nicht „Ich bin toll", vielmehr lässt man eine 3. Person sprechen. Dies betrifft im Übrigen auch Ihr Autorenprofil für die Presse und die Autorenbeschreibung auf Amazon.
3. Halten Sie sich kurz – auch beim Klappentext für ein E-Book. Bedenken Sie immer, dass User oft nur Sekunden auf einer Seite verharren und dann weiterklicken. Ein langer Text schreckt ab und ist für die Buchbeschreibung auch nicht nötig. Bewegen Sie sich zwischen 100 und 200 Zeichen.
4. Wenn Sie schon Rezensionen oder Bewertungen von Zeitungen, Literaturkritikern oder Buchplattformen haben, integrieren Sie die aussagekräftigsten! Nichts ist wertvoller als die Meinung einer renommierten Zeitung. Stimmen Sie sich mit der Zeitung ab, damit Sie keine Urheberrechts- oder Zitatrechtsprobleme bekommen. Lassen Sie sich die Erlaubnis schriftlich geben.
5. Verwenden Sie emotionale Wörter, die Ihr Buch gut beschreiben und die direkt die Leser ansprechen, die Sie sich für Ihr Buch wünschen (z. B. „leidenschaftlich", „romantisch" „spannend", „kribbelnd", „atemlos"). „Liebe", „Hass", „Macht", „Kampf", „Glück", „Humor" – sind ebenfalls starke Wörter. Benutzen Sie solche Begriffe jedoch nicht zu häufig, sonst stört es den Lesefluss und suggeriert, dass Sie keine Idee hatten, wie Sie Ihr Buch sonst beschreiben können. Vermeiden Sie werbliche Beschreibungen und umgangssprachliche Formulierungen.
6. Formulieren Sie einen zentralen Satz, den Sie im Layout hervorheben – sei es als Überschrift oder als Satz zwischen Klappentext und Autorenbeschreibung oder Rezensionen. Dieser Satz sollte so allgemein und doch so spannend wie

möglich sein. Er kann sowohl das Genre beinhalten als auch die Fans ansprechen – damit zeigen Sie, dass Sie ein fester Bestandteil des Genres sind und eine breite Leserschaft besitzen. Wenn Sie diesen Satz nicht in den Klappentext nehmen möchten, können Sie ihn auch nur in der Amazon Buchbeschreibung verwenden. Es ist immer gut, einen Satz in der Hand zu haben, der treffend Ihr Buch beschreibt.
7. Beschreiben Sie spannend und knackig, worum es in Ihrem Buch geht: Benennen Sie das Problem, zu dem der Leser im Buch eine Lösung erhält, oder fassen Sie den Spannungsbogen des Romans zusammen. Stoppen Sie an der Stelle, die beim Leser am meisten Neugier erzeugt.
8. Verwenden Sie die Keywords, die Sie bereits während Ihrer Titelsuche identifiziert haben.

Zusammenfassung

Das äußere Erscheinungsbild Ihres Buches ist ein ganz wesentlicher Erfolgsfaktor. Ist dieses nicht nur durchdacht und professionell gemacht und – bezüglich des Titels – mit den entsprechenden Keywords versehen, wird sich dies auf lange Sicht buchstäblich bezahlt machen. Ein Buchcover erzählt die ganze Geschichte Ihres Buches in einem Bild. Erzählt das Bild die richtige Geschichte, findet Ihr Buch den richtigen Leser und erhält die richtigen – nämlich positive – Bewertungen. Auch kann ein Buchcover erheblich zum Aufbau einer Marke beitragen. So sind viele erfolgreiche Autoren bereits an ihren Buchcovern zu erkennen. Auch sprechen gute Cover für Qualität – man wird Sie und Ihre Bücher in der Branche immer mit Qualität in Verbindung bringen und ernst nehmen.

Der Klappentext ist nach dem Cover der zweite Blick und genauso wichtig wie der erste. Immer wieder habe ich Bücher, deren Klappentexte die Leser in die Irre geführt oder nicht angesprochen haben. Wenn Sie den Inhalt nicht hinreichend oder ungenau wiedergeben, wissen Leser nicht, was sie erwartet – und niemand kauft ein Buch, das man nicht einschätzen kann. Ein Klappentext ist die sprachliche Version des Covers – es fasst den Inhalt des Buches kurz und präzise zusammen, baut einen Spannungsbogen auf und enthält Keywords, die ansprechen und Lust auf mehr machen. Ein guter Klappentext ist zusammen mit dem Cover die halbe Miete. Und trägt ganz erheblich zum Verkaufserfolg bei.

Maßnahmen zur Buchveröffentlichung

Wenn ein Buch das Licht der Welt erblickt, ist das immer ein besonderes Ereignis. Die Phase des Schreibens ist beendet, Lektorat und Korrektorat ist erfolgt und das Buchcover erstellt – mit großen Schritten geht es auf die Veröffentlichung zu. Jetzt ist es höchste Zeit, dass Sie sich Gedanken darüber machen wie Sie Ihr Buch der Öffentlichkeit – Lesern, Bloggern, Medien – vorstellen können. Gerade der Tag der Veröffentlichung und die Tage danach sind die heiße Phase, die darüber entscheiden kann, ob Ihr Buch ein Erfolg wird. Gehen Sie deshalb so früh wie möglich in den Austausch mit Lesern und Bloggern, generieren Sie am Besten schon direkt zur Veröffentlichung Rezensionen (nicht 1 bis 2, sondern 20 bis 30 und mehr). Buchplattformen, Anzeigen, Beilagen – all diese Dinge müssen Sie frühzeitig buchen, damit Sie einen Termin direkt zur Veröffentlichung sicherstellen können. Eine Release-Party, eine Buchpräsentation oder Pressetermine ebenso – entgegen der vorherrschenden Meinung fange ich deshalb schon zwei, mindestens einen Monat vor der Veröffentlichung an, die Maßnahmen zum Buchstart zu planen. Denn auch Gewinnspiele benötigen eine gewisse Vorlaufzeit, Sie müssen die Gewinne besorgen und ein hübsches Bild vom Grafiker designen lassen. In den folgenden Kapiteln gehe ich noch auf ein paar wichtige Schritte zur Buchveröffentlichung ein – von den richtigen Kategorien bei Amazon über Rabattaktionen und Vorableseaktionen. Lassen Sie sich inspirieren und bieten Sie Ihrem Buch den besten Start, der möglich ist.

Amazon Author Central

Amazon stellt Autoren kostenlos ein eigenes Autorenprofil zur Verfügung – das so genannte Amazon Author Central. Hier können Sie alle Informationen eintragen, die der Leser dann auf Amazon lesen kann: ein Autorenporträt, alle Bücher des Autors, Videos, Links zur Website und einen Twitter-Feed. Es ist sozusagen eine Mini-Website über Sie, auf der Sie sich Ihren Lesern präsentieren können. Der Leser findet hier interessante Informationen über Sie und Ihre Bücher und kann, wenn er möchte, weitere Bücher von Ihnen kaufen. Ein weiterer Pluspunkt: Google bewertet die Author-Central-Seiten ziemlich hoch – Sie erreichen also mit wenig Aufwand nicht nur höhere Sichtbarkeit beim Leser, sondern auch ein besseres Ranking bei Google, wenn jemand nach Ihnen oder Ihrem Buch sucht.

Um sich ein Autorenprofil zu erstellen, gehen Sie auf:
https://authorcentral.amazon.de
Registrieren Sie sich dort als Autor.

Unter „Neue Bücher hinzufügen" können Sie Ihr Buch einfügen, indem Sie Ihren Namen in die Suchfunktion eingeben. Sie erhalten daraufhin eine Auswahl an Büchern, die zu Ihnen gehören könnten. Wählen Sie Ihr Buch oder Ihre Bücher aus und klicken Sie auf „Das ist mein Buch". Schon ist Ihr Buch hinzugefügt – nun wird Amazon den Schritt überprüfen, was ein paar Tage dauern kann.

Wenn Sie ein Pseudonym benutzen, funktioniert es etwas anders[12]: Sie müssen Amazon zuerst mitteilen, dass Sie ein Pseudonym haben. Loggen Sie sich zuerst in Ihr Author Central ein und fügen Sie in der Suchleiste Ihren Pseudonym-Namen hinzu. Es öffnet sich daraufhin eine Auswahl mit Büchern – wählen Sie Ihr Buch oder Ihre Bücher aus. Amazon stellt nun fest, dass Sie bei diesen Titeln nicht als Autor aufgelistet sind und gibt weitere Schritte zur Auswahl. Darunter: „Haben Sie ein Pseudonym?" Dieses klicken Sie bitte an und Sie können nun eine Nachricht an Amazon senden, die Ihre Aussage überprüfen und in der Regel einen Beweis fordern, dass das Pseudonym zu Ihnen gehört (beispielsweise indem Amazon bei Ihrem Verlag oder Distributor nachfragt) – diese Überprüfung dauert einige Tage. Wurde Ihre Identität bestätigt, können Sie Ihr Pseudonym über den Link in der oberen rechte Ecke von Author Central wählen. Dieser Link erscheint nur, wenn ein Pseudonym für Sie bestätigt worden ist.[13]

In Ihrem Profil in Amazon Author Central können Sie sich zudem den Verkaufsrang Ihrer Bücher und die dazugehörigen Bewertungen ansehen.

Auf dem Reiter „Autorenseite" können Sie Ihre Biografie eintragen. Diese sollte stets mit der Autorenbeschreibung auf Ihrer Website und Ihrem Pressematerial übereinstimmen.

Fügen Sie mindestens ein Foto von sich hinzu und auch – wenn Sie haben – ein Video, zum Beispiel von einer Lesung, einen Buchtrailer oder Ihren Imagefilm.

In der rechten Leiste sehen Sie den Punkt „Twitter" – hier können Sie Ihren Twitter-Feed hinzufügen.

Die Amazon-Kategorien

Gekauft werden auf Amazon häufig die Bücher, die dem Leser bei Durchsicht der Kategorien auf den ersten 1–3 Seiten angezeigt werden. Mehrere Faktoren haben Einfluss darauf, auf welchem Rang Ihr Buch in eben diesen Kategorien steht. Blöd ist, wenn Sie deshalb Klicks und Verkäufe einbüßen, nur weil Ihr Buch von Amazon in die falsche Kategorie einsortiert wurde. Wenn Sie gerade Ihren Debütroman veröffentlicht haben und in einer übergeordneten und sehr weiten Kategorie (z. B. Belletristik) landen, sind Ihre Chancen nachvollziehbar klein, dass dieses auf den ersten Seiten angezeigt wird. Es kann auch passieren, dass Ihr Buch falsch eingeordnet wird, obwohl der Verlag oder Sie beim Distributor die richtigen Kategorien angegeben haben. Oder Sie haben – z. B. wie bei BoD – lediglich Stichworte angegeben, die nicht mit den Kategorien auf Amazon übereinstimmen.

Dann sortiert Amazon das Buch in eine übergeordnete Kategorie. Um hier in den vorderen Seiten zu erscheinen, muss Ihr Buch mindestens einen Verkaufsrang von 400 besitzen[14].

Was können Sie also tun, um in den Kategorien Sichtbarkeit zu gewinnen? Nun, in jedem Fall sollten Sie eine falsche Einsortierung nicht auf sich ruhen lassen, sondern die Kategorien von Amazon oder – wenn Sie haben – Ihrem Verlag ändern lassen.

Wenn Sie Autor bei Kindle Direct Publishing sind, gehen Sie dazu in Ihrem Konto unter „Hilfe" auf das Serviceformular, wählen Sie als Betreff „Sonstiges" aus und schreiben Sie Amazon unter Angabe Ihrer ASIN/ISBN, in welche Kategorien Sie Ihr Buch einsortiert haben möchten. Sie können Amazon auch über Ihr Author Central kontaktieren. Amazon reagiert in der Regel innerhalb von 24 Stunden.

Ich empfehle eine Einsortierung in kleinere Unterkategorien. Wenn Sie zum Beispiel einen Ratgeber zum Thema Glück und Persönlichkeit geschrieben haben, gibt es verschiedene Möglichkeiten, das Buch geschickt einzusortieren. Sie könnten es unter *Ratgeber > Lebensführung > Glück* anzeigen lassen. Oder unter *Ratgeber > Psychologie & Hilfe > Ich & die Anderen> Selbstfindung*. Je nachdem, wo Sie Ihr Buch einordnen, werden Ihre Leser auch Entsprechendes vom Buch erwarten. Sortieren Sie niemals ein Buch bewusst in einem anderen Genre ein, weil Sie denken, dass es dort hervorsticht. Allzu oft passiert dies leider auch, wenn die Positionierung eines Buches nicht klar genug ist und der Autor verschiedene Genres vermischt. Dann bleibt der Leser ratlos zurück und wird nie richtig zufrieden sein.

Versprechen Sie nichts, was Ihr Buch nicht halten kann. Sorgen Sie für eine klare, verständliche Positionierung, so dass der Leser immer weiß, was er bei Ihren Büchern erwarten kann. Wenn Sie bei der Einordnung in die Kategorien nicht sicher sind, kehren Sie zur Basis zurück – zu Ihrer Positionierung. Dann wissen Sie, wer Ihre Zielgruppe ist und welche Kategorien die richtigen sind.

Autorentipp

Sie können die Kategorien über Ihren Account im Amazon Author Central ändern lassen.

Preisrabatte und Verschenk-Aktionen

Welchen Nutzen haben Verschenk- und Rabattaktionen? Distributoren wie BoD bieten schon beim Hochladen des Buches an, eine Rabattaktion zur Neuveröffentlichung des E-Books einzustellen. Hier gab es von einigen unserer Autoren ein positives Feedback, dass dies deutlich die Sichtbarkeit des Buches erhöht hat. Dies liegt daran, dass viele Schnäppchenjäger auf E-Book-Jagd gehen und genau solche günstigen E-Books kaufen, auch wenn sie erst viel später oder gar nie gelesen werden. Diese Verkäufe pushen das E-Book im Ranking nach oben. Zusätzlich kann die Rabattaktion beworben werden, beispielsweise auf Plattformen wie xtme.de und buchdeals.de, Schnulze-der-Woche (Premiumschnulze), lesen.net oder eine der zahlreichen anderen E-Book-Rabattplattformen. Auch sollten Sie die Aktion mit einer Werbeanzeige auf Facebook und natürlich in Bücher-Gruppen und über Ihre sozialen Netzwerke bewerben.

Führen Sie Rabattaktionen stets nur für eine kurze, begrenzte Zeit durch – optimal sind 1–2 Wochen, darüber sollte es nicht liegen. Sonst gewöhnen sich Ihre Leser daran und akzeptieren irgendwann keinen höheren Preis mehr. Abgesehen davon möchten Sie ja auch Geld verdienen!

Rabattaktionen dienen nicht der Generierung von Rezensionen, sondern der Stärkung der Sichtbarkeit Ihres Buches auf Amazon. Viele Bücher werden wie gesagt gar nicht gelesen.

Um Rezensionen zu generieren, gibt es andere, direktere Wege, doch dazu später mehr.

Es gibt prinzipiell zwei Rabatt-Preise für E-Books, die sich lohnen: 0,99 Euro und 1,99 Euro. Welchen Sie wählen, ist abhängig vom Preis Ihres Buches. Kostet Ihr E-Book bei Amazon regulär 3,99 Euro, können Sie es während der Rabattaktion für 0,99 Euro anbieten. Kostet es jedoch mehr, zum Beispiel 5,99 Euro, sollten Sie nicht unter 1,99 Euro gehen. Denken Sie immer daran: Die Aktion ist nur ein kleiner Anreiz und als Ranking-Motor zu sehen – Ihr Buch ist keine Ramschware!

Und da komme ich auch zum Thema „Verschenk-Aktion":
Von Verschenk-Aktionen halte ich nicht viel, denn „was nichts kostet, ist auch nichts wert". Außerdem könnten sich Ihre treuen Leser, die immer brav für Ihre Bücher bezahlen, veräppelt fühlen. Trotzdem ein paar Worte dazu: Verschenk-Aktionen ändern Ihr Verkaufsranking nämlich nicht, da ja nichts verkauft wird. Sie beeinflussen einzig das Beliebtheitsranking. Das Buch taucht hier während der Verschenk-Aktion in der Liste der kostenlosen Bücher auf.

Bei KDP Select dürfen Sie Ihr Buch an fünf Tagen innerhalb eines Zeitraums von 90 Tagen verschenken. Bei Distributoren ist das unterschiedlich, hier sollten Sie nachfragen.

Wenn Sie sich dennoch für eine Verschenk-Aktion entscheiden, sollten Sie diese natürlich auch entsprechend bewerben, z. B. auf der Plattform http://www.bestebookfinder.de.

Ein Hinweis: Ist Ihr Buch schon eine Weile am Markt, in den Rankings quasi nicht auffindbar und Sie haben somit nahezu keine Leser (also auch keine Fans, die sich beschweren können), dann kann eine Rabatt- oder Verschenk-Aktion das Buch durchaus in der Sichtbarkeit nach vorne pushen.

Sie können hier aber auch das Buch für eine gewisse Zeit für 0,99 Euro anbieten. Das hat einen ähnlichen Effekt, nur hat dieser dann Einfluss auf das Verkaufsranking.

Achten Sie stets auf die Preisbindung. Wenn Sie auf Amazon Ihren Buchpreis ändern, muss dies auch an allen anderen Stellen geschehen.

Fazit: Rabattaktionen sind ein guter Weg, um ein E-Book kurzfristig in die vorderen Rankings auf Amazon zu bringen. Jene, die KDP Select nutzen, haben die Chance auf einen „Kindle Deal" (der Woche oder des Monats). Während eines Kindle Deals wird das E-Book deutlich rabattiert (häufig 0,99 Cent oder 1,99 Euro) angeboten und von Amazon beworben. Hier muss sich der Autor um nichts kümmern. Er kann aber nicht von sich aus einen Kindle Deal anstoßen – welches Buch hier genommen wird, das entscheidet einzig und allein Amazon. Bevor Ihr Buch für einen Kindle Deal ausgewählt wird, gibt es eine Vorselektion, über die Autoren per E-Mail informiert werden. Hierauf müssen Autoren bestätigen, dass sie ihr Buch für die weitere Auswahl zulassen. Anschließend erfolgt die Endauswahl.

Verschenken oder rabattieren Sie Ihr Buch nicht dauerhaft. Nutzen Sie solche Aktionen z. B. für den ersten Band einer Serie, um auf die weiteren Bände neugierig zu machen. Oder an besonderen Tagen wie Jubiläen, Ihren Geburtstag oder sonstige Anlässe. E-Books kosten teilweise weniger als eine Tasse Kaffee – ich finde, dass Ihre Arbeit auch honoriert werden sollte.

Die Leseprobe

Der Blick ins Buch ist unglaublich wichtig. Leseproben sind generell kostenlos und sollen neugierig auf das Buch machen.

Sie helfen, beim Online-Stöbern einen Eindruck vom Inhalt des Buches zu bekommen. Gerne verwenden Autoren eine Leseprobe auch als Werbematerial in Form einer Mini-Broschüre, die Sie in Cafés, Buchhandlungen oder auf der Buchmesse auslegen. Deshalb ist die Wahl der Leseprobe ganz essentiell.

Beim Einreichen eines Buchexposés erwarten Verlage oft die ersten Seiten des Manuskriptes. Anders ist es hier: Für die Leseprobe wählen Sie die Seiten aus, die das Thema des Buches am besten widerspiegeln. Dabei lassen Sie die Höhepunkte jedoch aus, um diese nicht vorwegzunehmen. Bei einer Liebesgeschichte wäre es z. B. das erste Kennenlernen der Protagonisten oder eine Szene des Konfliktes, das Happy End jedoch bleibt in unserer Hand – das erfährt der Leser erst, wenn er das Buch kauft.

Der Umfang einer Leseprobe sollte zwischen 10 und 20 Seiten – je nach Länge des Buches – umfassen. Vermerken Sie auf dem Buchcover deutlich das Wort „Leseprobe" und stellen Sie es dem Text vorne an.

Es gibt verschiedene Möglichkeiten, eine Leseprobe auf seiner Website einzubinden. Als pdf-Datei ist sicherlich eine der einfachsten – der Schritt des Downloads und Öffnens der Datei ist für den Leser allerdings oft zu groß, um „mal eben" einen Blick ins Buch zu werfen. Eleganter sind Leseproben, die sich online durchblättern lassen. So etwas können Sie z. B. mit „Yumpu" umsetzen.

Inzwischen hat aber auch Amazon nachgezogen und stellt eine Leseprobe zum Einbinden in Ihre Website oder als Link zur Verfügung. Diese umfasst jedoch automatisch die ersten Seiten des Buches – Sie können also keine Textstelle explizit aussuchen. Über Amazon.com können Sie auf Ihrer Buch-Seite unter „<Embed>" einen Code zum Einbetten auf Ihrer Website generieren. Sie finden den „<Embed>"-Link rechts neben den Share-Buttons.

Rezensionen vorab generieren

Sie können einiges dafür tun, dass Ihr Buch bereits am Tag der Veröffentlichung Rezensionen erhält.

Bei Ihren Fans können Sie fest mit guten und schnell eintreffenden Rezensionen rechnen, da sie Ihre Bücher, Ihren Schreibstil und Ihre Geschichten kennen und mögen. Dass Ihre Leser gerne Rezensionen für Sie schreiben, ist Ergebnis längerer Beziehungsarbeit. Wenn Sie das Vertrauen Ihrer Leser innehaben, können Sie sie auch für eine Vorablese-Aktion motivieren. Ich empfehle Ihnen, das Thema Rezensionen immer wieder zu benennen (und auch offen zu sagen, warum dies wichtig für Sie ist) und Ihre Leser dazu zu motivieren, Rezensionen zu schreiben.

Zusätzlich können Sie auch ein Rezensenten-Team bilden (wie Sie dieses benennen, ist Ihnen überlassen), für das sich die Leser (und Blogger) offiziell bewerben müssen. Wie bei allen Aktionen sollten Sie den Lesern dafür natürlich auch etwas bieten, in diesem Fall natürlich freie Rezensionsexemplare, signierte Exemplare oder andere Dinge, die Ihre Leser motivieren, sich für das Team zu bewerben. Sammeln Sie diese Leser gewissenhaft und konsequent. Sie können ein Newsletter-System nutzen, um „Ihr" Team zum Beispiel als Erstes mit wichtigen Informationen zu füttern. Um es in wichtige Fragen, die Sie als Autor umtreiben, einzubinden und um Sie für Vorablese-Aktionen schnell und nur mit einem Klick anzuschreiben.

Wenn Sie noch keine größere Leser-Community und damit auch kein Rezensenten-Team haben, gibt es noch eine andere Möglichkeit, vorab Rezensionen zu generieren. Die Plattform vorablesen.de vom Ullstein Verlag ist darauf spezialisiert Rezensionen vor der Veröffentlichung zu generieren. Hier gibt es einiges zu beachten: Eine Buchung auf der Plattform kostet Geld, rund

700 Euro für eine Platzierung. Die Aktion muss mindestens 4 Wochen vor Veröffentlichung gestartet werden, da die Rezensenten 3 Wochen Zeit haben, um eine Rezension zu schreiben. Das heißt für Sie, dass Sie zu dieser Zeit auch die Bücher für die Vorableser herausgeben müssen. Für Verlage ist das kein Problem, für Selfpublisher schon schwieriger, da die Taschenbücher meist erst nach dem E-Book veröffentlicht werden oder länger brauchen, bis der Autor sie in der Hand hält. Sie können sich damit behelfen, dass Sie den Lesern eine vorläufige ePub-Datei (eine E-Book-Datei, die Sie sich von Dienstleistern wie „ebokks" oder „pcsschmid" erstellen lassen können) zukommen lassen. Eine pdf-Datei herauszugeben, ist keine gute Option, denn diese auf einem mobilen Gerät zu lesen, ist umständlich – das kann dazu führen, dass sich kaum Leser bewerben. „Vorablesen.de" ist eigentlich eine reine Verlagsplattform, das heißt, die Leser dort sind an Taschenbücher gewöhnt. Für Selfpublisher ist es aber möglich, auch E-Books als Vorableseexemplare zu vergeben – das sollten Sie mit der Plattform dann aber vorher absprechen. Beachten Sie, dass die Leser ihre Rezensionen bei Amazon erst am Tag der Veröffentlichung online stellen können. Viele Leser posten ihre Rezensionen deshalb stattdessen auf Plattformen wie „buch.de", „LovelyBooks.de", „thalia.de" und anderen. Für Autoren, die ausschließlich auf Amazon veröffentlichen ist die Plattform deshalb nicht zu 100% geeignet – trotzdem hat so eine Aktion auch für sie Vorteile. Sie erhöht deren Bekanntheit insgesamt um ein Vielfaches. Sie erreichen neue Leser, können neue Leser dazugewinnen und an sich binden. Und das Buch ist schon vor der Veröffentlichung im Gespräch – ein Effekt, den Sie sonst nicht haben.

Vorbestellungen nutzen

Wenn Sie Ihr E-Book hochladen (egal ob bei BoD, KDP oder anderen Anbietern), haben Sie bei den Einstellungen die Option, dass Leser Ihr Buch vorbestellen können und am Tag der Veröffentlichung automatisch erhalten. Vorbestellungen haben den Vorteil, dass Sie schon vor Veröffentlichung konkrete Verkaufszahlen kennen und mit entsprechenden Verkäufen rechnen können. Allerdings haben Vorbestellungen einen wesentlichen Nachteil: Die Verkäufe fließen nicht ins Verkaufsranking mit ein und tragen damit nicht zu einer guten Platzierung auf Amazon bei. Aus diesem Grund verzichten viele Autoren auf die Vorbestell-Option.

Um die Vorbestell-Funktion bei KDP zu nutzen, müssen Sie schon beim Einstellen eine Version Ihres Manuskriptes hochladen – dies kann auch unfertig sein. Es dient lediglich der Überprüfung, ob der Inhalt gegen die rechtlichen Anforderungen von Amazon verstößt. Die endgültige Version muss spätestens 10 Tage vor dem Veröffentlichungstermin hochgeladen werden.[15]

Aktionen zur Buchveröffentlichung

Ihre nächste Buchveröffentlichung steht an? Dann rollen Sie Ihrem Buch den roten Teppich aus! Gerade wenn Sie ein neues Buch veröffentlichen, braucht es besonders viel Aufmerksamkeit – also Marketing. Denn jedes neue Buch ist ein Statement und kann der nächste Bestseller werden – beginnen Sie deshalb schon zwei, drei Monate vor der Veröffentlichung mit dem Marketing. Wie ich in den vorherigen Kapiteln erläutert habe, gehören ein gutes Buchcover, der Klappentext und der Buchtitel zum Marketing dazu. Nun geht es darum, das Buch den (potentiellen) Lesern vorzustellen und sie vor und während der Veröffentlichung neugierig auf das Buch zu machen.

Von der Plakatkampagne zur Buchpräsentation im Buchladen um die Ecke über Webinare bei Ratgebern, (Online-)Release-Partys u. v. m. – es gibt unzählige Möglichkeiten für Aktionen zur Buchveröffentlichung. Ein paar Online-Aktionen, die ich für Neuveröffentlichungen meiner Autoren durchgeführt habe, möchte ich Ihnen hier zeigen:

Blogtour zur Veröffentlichung von Hitzeschlacht von Gabriele Schmid

Live-Lesung am Tag der Veröffentlichung von „Regie führt nur die Liebe" von Emma Wagner

Amor´s Five: Himmelreich mit kleinen Fehlern

mainwunder, 376 Seiten
ISBN: 978-1517667108
★★★★☆ (13 Rezensionen)
BdB-Rating: 4.5

5 Freundinnen - 1 Mission und die ganz große Liebe

Valentina hat einen tollen Job, eine Luxuswohnung und die begehrte Vintagetasche ihres Lieblingsdesigners. Einen Mann braucht sie so dringend wie einen kaputten Absatz an ihren High Heels - Karriere geht vor. Der plötzliche Tod ihrer ehemals besten Freundin katapultiert sie zurück nach Himmelreich und damit direkt in ihre Vergangenheit. Dort stößt sie nicht nur auf einen Möchtegern-Hippie, einen Pfarrer in Liebesnöten und weitere äußerst eigenwillige Dorfbewohner, sondern auch auf das Rätsel um den Tod ihrer ehemals besten Freundin Nattie. Dieses aufzuklären setzen sich Valentina und ihre verbliebenen vier Freundinnen zum Ziel. Es wäre allerdings viel einfacher, sich darauf zu konzentrieren, wenn es da nicht diesen unfreundlichen Bauern Jan gäbe, der ihr das Leben schwermacht. Oder ihren alten Schwarm Tom, der nach all den Jahren plötzlich sein Herz für Valentina entdeckt ... »Himmelreich mit kleinen Fehlern« ist

Blogger-Aktion zur Veröffentlichung von „Himmelreich mit kleinen Fehlern" von Emma Wagner

Buch-Release-Party zur Veröffentlichung von „Rocky Mountain Dogs" von Virginia Fox

Jede Buchveröffentlichung ist unterschiedlich und bedarf unterschiedlicher Maßnahmen. Dafür ist jedes Buch zu unterschiedlich – eine Social-Media-Aktion für ein E-Book im Genre Romantik mit einem sehr jungen Leserklientel kann sicherlich mehr punkten als ein Webinar, mit dem Sie Ihre Zielgruppe nicht erreichen würden. Wenn Sie einen Ratgeber geschrieben haben und bereits eine größere Mailingliste mit E-Mail-Adressen besitzen, können Sie diese Personen über ein Webinar allerdings neugierig machen. Wenn Sie viele Leser in einer bestimmten Stadt haben, kann eine Buchpräsentation oder eine Buchparty vor Ort sinnvoll sein. In jedem Fall sollten Sie Online-Aktionen mit einbeziehen, damit Sie Leser und Blogger auf Ihr neues Buch aufmerksam machen. Ob Sie dafür eine spezielle Plattform buchen, eine Live-Lesung veranstalten, eine Online-Party feiern oder eine Blogparade planen – es gibt unzählige tolle Aktionen für Ihr Buch. Unterschätzen Sie dabei nicht die Kraft von Social Media. Über eine breite Empfehlung Ihres Buches, z. B. auf Blogs, erreichen Sie kostengünstig eine große Anzahl an potenziellen Lesern. Ein Beispiel: Mainwunder durfte die Neuveröffentlichung des Life & Work-Books „Mein bestes Jahr" von den Autorinnen und Coaches Susanne Pillokat und Nicole Frenken begleiten. In dem Buch geht es darum, das Jahr zu seinem besten Jahr zu machen – dabei helfen unzählige Übungen dem Leser, seinen Wünschen und Zielen auf die Spur zu kommen und sie im Alltag umzusetzen. Neben einer Buchparty in einer Buchhandlung wollten wir vor allem online Aufmerksamkeit generieren und haben die größte Blogparade organisiert, die wir je gemacht haben. Über 80 Blogger haben über einen Zeitraum von 6 Wochen das Life & Work-Book vorgestellt und sich „endlich Zeit für ihre Herzensthemen" genommen. Das Buch war zum Ende der Blogparade hin ausverkauft. Dies ist vor allem auf den viralen Effekt zurückzuführen, den wir dank der vielen tollen Artikel und Rezensionen generiert haben.

Blogparade Mein bestes Jahr von Susanne Pillokat-Tangen und Nicole Frenken

Daneben können Sie Promotionen auf Buchplattformen wie LovelyBooks, xtme oder der Schnulze der Woche buchen. Schalten Sie Werbeanzeigen, versenden Sie einen Newsletter und informieren Sie die Presse. Sie sehen, dass es verschiedene Möglichkeiten gibt, ein Buch zu promoten, und wie wichtig es ist, dass Sie das schon vor der Veröffentlichung tun. Davon ist ein Großteil des Erfolgs abhängig. Eine Neuveröffentlichung lässt sich nicht wiederholen – diese Phase ist einmalig. In dieser Zeit ist die Aufmerksamkeit für das Buch am höchsten – nutzen Sie sie!

Zusammenfassung

Die Zeit vor und während der Buchveröffentlichung ist die spannendste und effizienteste überhaupt. Markieren Sie sich diese Zeit rot in Ihrem Kalender – sie ist entscheidend für den weiteren Erfolg Ihres Buches. Wenn Sie Debütautor sind, müssen Sie bei null beginnen – hier ist jeder einzelne Punkt – von der idealen Kategorie auf Amazon, der optimalen Autorenbeschreibung und spannenden Aktionen zur Veröffentlichung –

wichtig. Wenn Sie bereits Bücher am Markt – gar schon eine größere Leser-Community haben – geht es darum Ihre Sichtbarkeit weiter auszubauen und stetig neue Leser und Blogger zu gewinnen. Achten Sie hierbei auf Ihre Positionierung, sorgen Sie für einen Feinschliff in Ihrer Außenkommunikation und passen Sie die Aktionen an Ihre Zielgruppe an.

Es ist wichtiger, Maßnahmen einzuleiten, die zu Ihnen und dem Buch passen, als dass Sie an allen Fronten kämpfen, also mehrere Aktionen gleichzeitig starten. Machen Sie besser wenige Aktionen richtig und groß und Sie werden den meisten Erfolg generieren.

Eine Buchveröffentlichung ist eine tolle Zeit. Es ist Ihre Zeit, die Sie gut planen und feiern sollten. Es ist auch die Zeit, um mit Ihren Lesern noch intensiver in Kontakt zu treten, gemeinsam Spaß zu haben und unvergessliche Momente zu schaffen.

Die Autorenwebsite

Ihre Buch-/Autorenwebsite ist Ihr Aushängeschild und sollte Sie und Ihr Buch in seiner Individualität widerspiegeln. So wie Sie den Leser beim Anblick Ihres Buchcovers zum Träumen, Schmunzeln und Jauchzen bringen, so sollte auch Ihre Website zur Begeisterung beitragen. Ihr persönliches Corporate Design bildet den Rahmen für das Design Ihrer Website. Gute Website-Baukästen bietet u. a. WordPress. Hier können Sie unter tausenden Theme-Templates bzw. Layouts wählen (kostenlose und kostenpflichtige). Achten Sie darauf, dass das Theme „responsive" ist, Ihre Website sich also auch auf den Bildschirmen von Smartphones und Tablets anpasst. Darüber hinaus können Sie SEO-optimierte WordPress-Themes wählen (mehr Informationen dazu im Kapitel „Suchmaschinenoptimierung mit WordPress"). Wussten Sie, dass 70–80% Traffic aus dem Internet durch den Zugriff von Mobilgeräten entstehen? Das zeigt, wie wichtig es ist, dass Ihre Website auch auf Tablets und Smartphones funktioniert. Schauen Sie sich Ihre Website auf Ihrem Smartphone an, damit Sie sicher gehen können, dass alles gut lesbar ist und die Features genutzt werden können.

Je nachdem, ob Sie sich für eine Buch-Website (die ein einzelnes Buch bewirbt) oder eine Autoren-Website (notwendig bei mehreren veröffentlichten Büchern oder wenn Sie sich als Autor allgemein präsentieren wollen) entscheiden, gibt es unterschiedliche inhaltliche Must-haves.
Eine Buch-Website informiert über ein einzelnes Buch und enthält nur am Rande Informationen über den Autor/die Autorin. Als Kontaktmöglichkeit reichen Social Media Buttons, die zum Facebook-/Twitter-/Instagram-Profil des Autors führen. Die

Buch-Website besteht häufig nur aus einer Seite, ist also weit weniger aufwendig zu erstellen als eine komplette Autoren-Website. Eine Buch-Website hat zwar weniger Inhalt, dafür muss dieser sehr sorgfältig ausgewählt werden.

Das Design sollte sich dabei ganz eng an das Design des Buchcovers halten. Wählen Sie die gleichen Farben, die gleichen Schriften, die gleichen grafische Elemente. Wer den Wiedererkennungswert in seiner Vollkommenheit erreichen möchte, der überträgt sein Cover nahezu 1 zu 1 auf seine Buch-Website. Wie das aussehen könnte, zeigt Matthew Quick mit seinem Buch „Die Sache mit dem Glück" in Perfektion:

http://www.die-sache-mit-dem-glueck.de

- Die besondere Schrift sticht hier ebenso hervor, wie die energievollen Farben.
- Unübersehbar: Als Vorlage diente das Buchcover.
- Das Konfetti regt zum Träumen an und ist ein wunderbares Element für die Website.
- Liebevolle Elemente wie der Glückskeks laden zum Verweilen und „Mitmachen" auf der Website ein.
- Sowohl Schrift als auch Farben finden sich auf der Website wieder.

Ein schönes Beispiel einer Buch-Website für ein Kinderbuch ist „Fredo will nicht Zähne putzen":

https://www.kind-zaehneputzen.de/

Diese Website besteht nur aus einer Seite, aber Anne Kratz hat es sowohl geschafft, den Protagonisten Fredo wunderbar in die Website einzubauen, als auch, sich an die Farben des Buchcovers zu halten. Sie gibt luftig-herzige Informationen über den Inhalt und bindet die Leseprobe wunderschön ein. Definitiv eine Seite, die man sich gerne anschaut.

Ebenfalls sehr gut gelungen ist die Website zum Buch „Frau Kain regt sich auf" von Kathrin Schröder:
http://www.frau-kain.de/
Ein modernes, schlichtes Design, das deutlich die Brücke zum Buch schlägt und mit liebevollen Elementen neugierig auf Buch und Autorin macht.
Hier sind für Sie noch mal die wichtigen Elemente einer Buch-Website:
1. Layout, Farben, Schriften, grafische Elemente angelehnt an das Buchcover
2. Information über das Buch (Auszug, Klappentext)
3. Visuelle Elemente wie Bilder oder Videos (z. B. der Buchtrailer)
4. Link zu Amazon und anderen Shops, auf denen Ihr Buch/E-Book erhältlich ist
5. Links zu Facebook & Co.
6. Impressum und Datenschutz

Eine Autoren-Website ist um einiges umfangreicher als eine Buch-Website, denn sie stellt Sie als Autor und Ihre Bücher im Gesamten in den Mittelpunkt. Das Design sollte zu Ihnen und Ihrem Genre passen.
Gut gemacht ist da die Website von Cecilia Ahern:
http://de.cecelia-ahern.com/
Hier dominieren aktive Elemente – der Bilder-Slider, die Möglichkeit, sich für ihren Newsletter anzumelden oder auf Facebook und Twitter mit ihr in Kontakt zu treten.
Zusammengefasst sollte eine Autoren-Website Folgendes enthalten:
1. Informationen über Sie
2. Ihre Bücher (Beschreibung, Cover, Leseprobe)
3. „Call to Action"-Buttons (Einfache, gut sichtbare Schaltflächen zum Kauf Ihres Buches)

4. Ihre öffentlichen Termine
5. News
6. Ihr Blog (nur wenn Sie einen schreiben wollen)
7. „Share"- und „Follow me"-Buttons
8. Die Möglichkeit, sich für Ihren Newsletter oder für Ihr Rezensententeam anzumelden – bieten Sie Ihren Lesern etwas im Austausch für ihre E-Mail-Adresse
9. Impressum und Datenschutz
10. Gute Templates für WordPress bekommen Sie u. a. bei Themeforest: http://themeforest.net/category/WordPress

Die Impressumspflicht

In Deutschland unterliegen geschäftlich genutzte Internetseiten und Profile in sozialen Netzwerken der Impressumspflicht. Sie als Autor fungieren hier als Unternehmer, sind also impressumspflichtig. Das Impressum enthält für den Nutzer der Seite relevante Informationen, damit er weiß, mit wem er es zu tun hat. Es muss eine Anschrift vorhanden sein (Postfächer oder E-Mail-Adressen genügen nicht!).

Das Impressum muss laut Gesetz „leicht erkennbar, unmittelbar erreichbar und ständig verfügbar" sein. Auf Websites hat es sich eingebürgert, dass das Impressum im „Footer" – also am Fuß der Seite – eingebunden wird. In den sozialen Netzwerken können Sie in Ihrem Profil dann direkt auf die Impressum-Seite verlinken.

Schwierig wird es, wenn Sie als Autor ein Pseudonym nutzen und Ihr echter Name nirgendwo auftauchen darf. Hiermit würden Sie eine Abmahnung provozieren, denn das sieht der Gesetzgeber nicht gern. Wenn Sie auch Ihre Privatadresse nicht angeben wollen, können Sie verschiedene Möglichkeiten nutzen. Hier gibt es vereinzelt Anbieter, die entsprechende Adressen stellen, z. B. der Papyrus Autoren-Club[16]. Auch digitale Anbieter wie Maildrop24 stellen Adressen gegen ein monatliches Entgelt zur Verfügung.[17] Hilfreich für das Erstellen eines Impressums ist ein Impressum-Generator wie von e-recht24[18]. Er erstellt Ihnen direkt ein individuelles Impressum.

Die wichtigsten WordPress-Plugins[19]

Wer mit WordPress arbeitet, kommt um so genannte Plugins nicht herum. Plugins sind kleine Mini-Programme, mit denen Sie einzelne Funktionen in Ihre Website einbauen können. Ob das eine Bilder-Galerie ist oder ein Newsletter-System, ob sie einen Bilder-Slider einbauen möchten oder Ihre sozialen Netzwerke – mit Plugins können Sie Ihre Website erst so richtig interaktiv gestalten und mit Ihren anderen Marketingkanälen verbinden.

Das Installieren eines Plugins ist ganz leicht.
1. Gehen Sie in Ihrem WordPress-Dashboard im linken Menü auf „Plugins".
2. Hier können Sie über die Suchfunktion entweder nach passenden Plugins suchen. oder – wenn Sie bereits eines über WordPress.org gefunden und heruntergeladen haben – hier hochladen.
3. Um ein Plugin hochzuladen gehen Sie auf „Plugin hochladen", welches Sie oben rechts neben der Überschrift „Plugins hinzufügen" finden.
4. Wählen Sie die zip-Datei mit Ihrem Plugin auf Ihrem Rechner aus und klicken „installieren". Nun wird Ihr Plugin installiert.

5. Noch sind Sie nicht ganz fertig. Nun müssen Sie im letzten Schritt das Plugin noch „aktivieren". Erst dann ist es wirklich aktiv und Sie können weitere Einstellungen vornehmen.

Ein paar empfehlenswerte Plugins möchte ich Ihnen nun vorstellen:

Jetpack
Jetpack bietet diverse Features wie E-Mail-Benachrichtigungen bei Kommentaren, ein Twitter-Widget mit dem Sie Ihren Twitter-Account in Ihre Sidebar einpflegen können, die Teilen-Funktion mit der User bequem Beiträge, Bilder oder Videos in soziale Netzwerke teilen können etc. Als sehr umfassende Feature Lösung auf jeden Fall einen Blick wert.

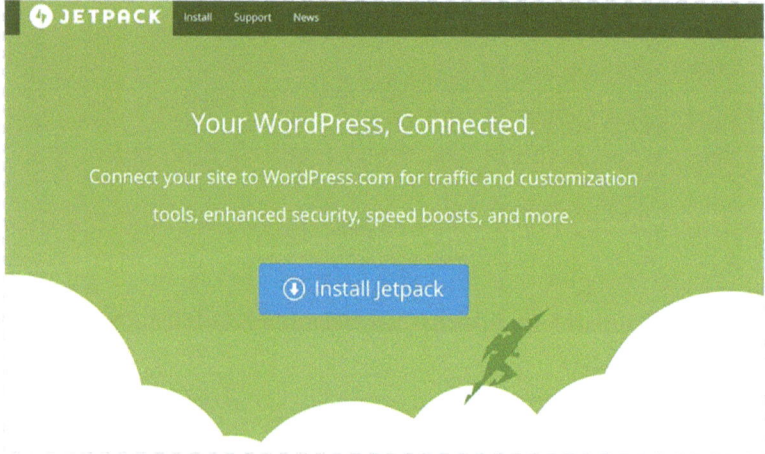

WordPress SEO by Yoast
Eins der besten Plugins, um eine WordPress-Website für Suchmaschinen zu optimieren, ist SEO Yoast. Hier können Keywords und eine Meta-Description[20], eingestellt werden, das sind

die Einstellungen, die festlegen, wie die Vorschau Ihrer Website auf Facebook angezeigt wird, wenn jemand einen Link dort postet.

Die Ampel-Funktion zeigt an, ob Ihre SEO-Einstellungen „Ok", „Gut" oder „Schlecht" sind.

Facebook Page Plugin

Es gibt zahlreiche WordPress-Plugins, mit denen man Facebook in die Website einpflegen kann. Facebook selbst hat nun ein eigenes Page Plugin[21] entwickelt, das noch mehr kann: Neben Like- und Share-Buttons kann so unter Blog-Beiträgen eine Facebook-Kommentar-Funktion eingestellt werden. Außerdem lassen sich die letzten Facebook-Beiträge auf der Website anzeigen. Ein tolles Tool, das sich anzuschauen lohnt.

Subheading

Wer gerne Unterüberschriften nutzen möchte – beispielsweise um SEO-relevante Keywords unterzubringen, dem empfehle ich das Plugin Subheading. In einem zusätzlichen Feld im Backend kann eine Unterüberschrift leicht hinzugefügt werden.

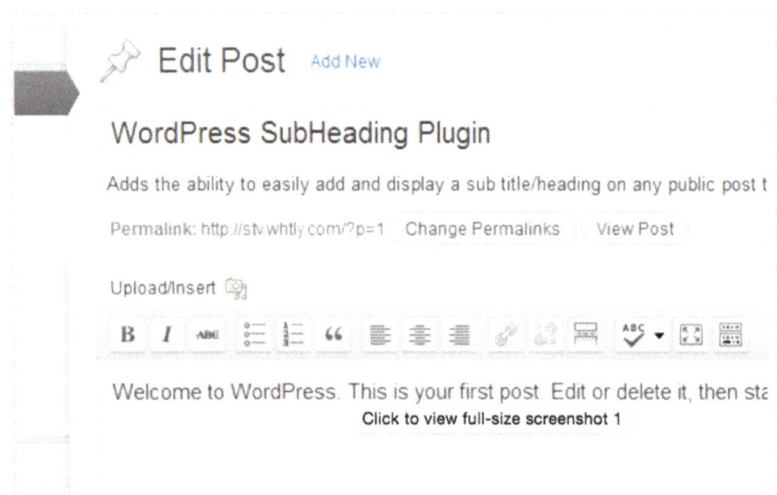

Per Page Sidebars
Damit nicht jede Seite gleich aussieht, empfehle ich unterschiedliche Sidebars, die den Charakter der einzelnen Seite unterstreichen.
Mit dem Plugin Per Page Sidebars können Sie Seiten oder Beiträgen eine individuelle Sidebar zuweisen. Eine Freiheit, die viele WordPress-Nutzer vermissen.

MailChimp Forms by MailMunch
Wer seinen Newsletter in die Website einbauen möchte, kann dies auch über Plugins tun. Wer den Anbieter MailChimp nutzt, der kann auf eine Vielzahl von Plugins zurückgreifen. Ich empfehle das Plugin MailChimp Forms by MailMunch, da es verschiedene gestalterische Möglichkeiten bietet und man die Newsletter-Anmeldung nicht nur in der Sidebar, sondern auch im „Footer", am Kopf der Website oder in einer Seite selbst platzieren.

Weptile Image Slider Widget
Eines der besten Plugins, um Bilder und wechselnde Banner in die Sidebar einzupflegen. Damit können sowohl einzelne, als auch mehrere, Bilder im Wechsel angezeigt werden. Einstellung u. a. zur Geschwindigkeit und Verlinkung der Bilder inklusive.

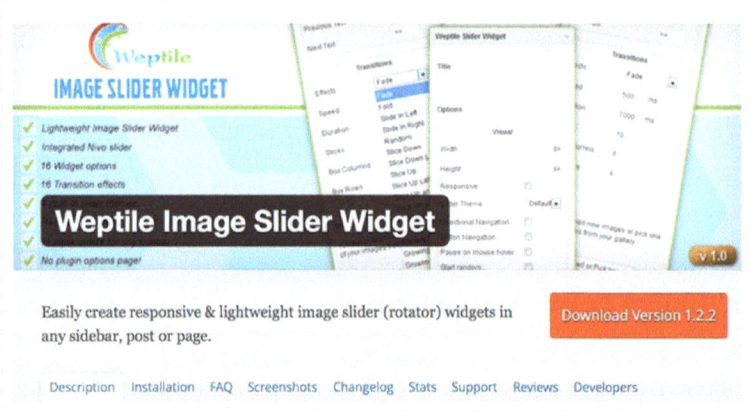

Besondere Tools für Autoren

Neben den klassischen WordPress-Plugins können Sie aber auch andere Tools in Ihre Website einbinden. Diese werden nicht als Plugins bezeichnet, da sie ein eigenständiges Programm sind, die man jedoch über HTML-Codes oder auf anderem Wege in ein WordPress-Theme einbinden kann. Hier stelle ich Ihnen einige Autoren-Tools vor, mit denen Sie Ihre Bücher noch professioneller in Ihre Website einbinden können und ihr damit den letzten Feinschliff geben.

Mybooktable
Wenn Sie mehr wollen, als einfach Ihr Buchcover mit dem Klappentext daneben auf Ihrer Website abzubilden, dann gibt es dafür noch nicht allzu viele Möglichkeiten. Doch Mybooktable ist eines der wenigen Tools, das an die Bedürfnisse von Autoren angepasst ist. Mit Mybooktable ist es Ihnen möglich, Ihre Bücher (sowie DVDs und andere Produkte) einzubinden und automatisch mit Amazon und anderen Shops zu verknüpfen. Es zieht sogar die bestehenden Rezensionen von den Shops auf

Ihre Website (diese Funktion ist bisher leider nur für Amazon.com möglich) und bindet Share-Buttons ein, über die Leser die Bücher in die sozialen Netzwerke teilen können. Auch haben Sie die Möglichkeit, Ihren Klappentext, einen Teasertext und eine Leseprobe einzufügen. Ihre Website-Besucher erhalten Ihre anderen Bücher, die auf Amazon verkauft werden, als Empfehlung und sie können über eine Suchfunktion nach der nächsten Buchhandlung zu suchen, damit sie dort Ihr Buch bestellen können.

Mybooktable ist nicht kostenlos, aber es lohnt sich.

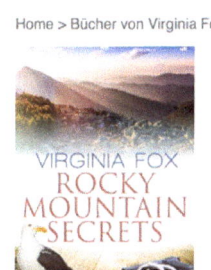

Beispiel zu Mybooktable auf der Website der Autorin Virginia Fox

Yumpu

Sie möchten eine Leseprobe Ihres Buches auf Ihrer Website einbinden? Dann können Sie natürlich einfach eine pdf-Datei hochladen und sie verlinken. Aber das ist doch recht langweilig. Und gerade in der Zeit von Tablets und Smartphones sind Tools empfehlenswert, die sich dieser interaktiven Handhabung anpassen. Eine wunderschöne Alternative ist eine Art Katalog, den Leser bequem online durchblättern können. Nur, dass Ihre Leser keine neuen Klamotten shoppen, sondern Ihre Leseprobe lesen.

Yumpu können Sie kostenfrei nutzen, dafür wird das Logo des Tools im Katalog angezeigt.

Registrieren Sie sich auf http://www.yumpu.com/de, laden Sie dort Ihre Leseprobe als pdf-Datei hoch und binden Sie diese über den angezeigten HTML-Code auf einer Seite Ihrer Website ein.

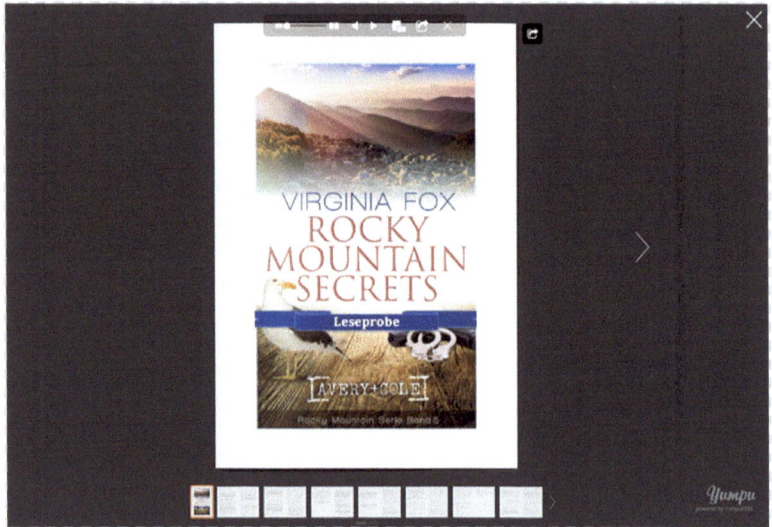

Beispiel einer Leseprobe mit Yumpu

Suchmaschinenoptimierung mit WordPress

Suchmaschinenoptimierung – auch bekannt unter dem Kürzel SEO – ist mittlerweile als fester Bestandteil im Buchmarketing angekommen. Wenn sich ein Leser über Sie informieren möchte, gibt es verschiedene Wege: Direkt über Amazon oder einer anderen Buchplattform, auf Facebook oder über eine Suchmaschine, z. B. über Google. Zu Amazon und Facebook – die ein wichtiger Teil der Marketingstrategie sind – komme ich später. Jetzt widmen wir uns erst der Optimierung Ihrer Autoren- und/oder Buch-Website für Suchmaschinen. Viele Autoren arbeiten mit Word-

Press, da es unzählige Features bietet, wunderschöne Templates und ganz einfache Bearbeitungsprozesse – aus diesem Grund lege ich den Fokus darauf. Wie Sie Ihre WordPress-Seite für die Suchmaschine optimieren, zeige ich Ihnen jetzt.

Erwartungen an SEO

- SEO ist nicht die Lösung aller Marketing-Probleme. Wichtiger sind Ihre Leser und dass Sie auf Ihrer Website ihre Bedürfnisse ansprechen. Sie sollten Ihre Website deshalb vor allem mit spannenden Inhalten füllen.
- SEO geht nicht, ohne sich intensiv Gedanken zu machen über die eigene Positionierung. Das beginnt beim Titel Ihres Buches, wie Sie dieses auf Amazon einordnen (mit welchen Keywords wird das Buch getaggt und finden sich diese auf Ihrer Website wieder?) und in welchen Kategorien Sie es einsortieren.
- SEO wirkt nicht von heute auf morgen.
- SEO muss langfristig und konsequent gepflegt werden – so benötigt jeder Blogeintrag, jede neue Seite eine entsprechende Meta-Description.

Backlinks
Ein **Backlink** ist ein eingehender Link, also ein Link von einer fremden Website auf Ihre Website. Backlinks sind wichtig für Suchmaschinen-Rankings. Google (und auch andere Suchmaschinen wie Yahoo! und Bing) bewertet eine Website sehr stark danach, wie viele Backlinks diese hat. Hat eine Website keine oder nur sehr wenige Backlinks, wird diese auch keine relevanten Suchmaschinen-Rankings erreichen können.
Über die URL http://www.opensiteexplorer.org können Sie einsehen, welche Backlinks Ihre Website aufweist.
Tipp: Es kommt nicht nur auf die Anzahl der Backlinks, sondern

auch auf die Qualität an – z. B. wenn die Verlinkungen mit Ihren Keywords verbunden sind (z. B. wenn der Begriff „Liebesroman" oder „Bestseller" verlinkt wird), oder von Seiten kommt, die bei Google ebenfalls ein hohes Ranking aufweisen.

Keywords
Wie ich im Kapitel „Buchcover & Buchtitel" erläutert habe, ist es wichtig, seine Texte, aber auch Titel und Klappentext mit Keywords zu versehen, über die Ihre Bücher bei Amazon und in den Suchmaschinen gefunden werden. Nun wollen wir uns noch einmal anschauen, wie Sie die richtigen Keywords für Ihre Website finden. Zuerst stellen Sie sich einmal selbst die Frage: Über welche Keywords soll Ihre Website bei Google gefunden werden? Legen Sie entsprechende Keywords fest und konkretisieren Sie sie soweit wie möglich. Hier sollten Sie die Keywords wählen, die am häufigsten bei Google eingegeben werden.
Wie können Sie diese finden? Das ist ganz leicht:
Gehen Sie auf http://www.google.de und geben Sie in die Suchfunktion z. B. „Liebesroman" ein. Dieses Keyword ist noch zu allgemein. Die meisten Menschen geben mindestens zwei Suchwörter bei Google ein. Doch Sie brauchen nicht weitertippen – über das Dropdown-Menü in der Suchfunktion erscheinen längere Keyword-Vorschläge, nach denen andere Google-Nutzer häufig suchen.

Ein weiteres wunderbares Feature ist Google Trends:
https://www.google.com/trends/
Hier können Sie erfahren, in welchem Land und in welcher Stadt diejenigen leben, die bei Google z. B. das Wort „Liebesroman" eingeben. Wenn Sie nun einen Blogbeitrag geschrieben haben, der Leser in der Schweiz konkret anspricht, können Sie hier Keywords wählen, die von Schweizern am häufigsten gesucht werden. Dieses Tool ist auch sehr hilfreich für Ihre Ein-

stellungen bei Werbeanzeigen, denn die Informationen ermöglichen es Ihnen, diese noch feiner einzustellen und damit bessere Ergebnisse zu erzielen.

Auch können Sie, sofern Sie bereits ein Konto bei Google Adwords haben, auch hier im Keyword Planner von Adwords suchen und ihre Relevanz ersehen.

1. Loggen Sie sich dazu in Ihrem Google Adwords Konto unter https://adwords.google.com ein.
2. Klicken Sie im Menü auf „Tools".

3. Klicken Sie auf „Search for new keywords and group ideas".

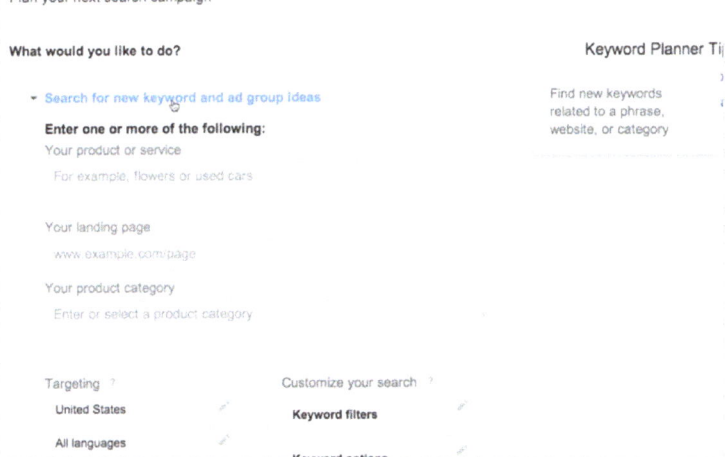

4. Geben Sie hier ein Keyword ein, das Sie gerne testen möchten, und klicken Sie auf den Button „Get ideas".

5. Es erscheint eine Liste mit „Ad Group ideas". Sie möchten aber mehr über „Keyword ideas" wissen, deshalb klicken Sie oben in den entsprechenden Reiter „Keyword ideas" und schon wird eine Liste mit Keywords angezeigt.

Existierende Keywords überprüfen

Sie haben bereits eine Liste mit Keywords und möchten wissen, wie „effektiv" diese sind? Auch hierfür eignet sich der Keyword-Planner von Google.

Klicken Sie dazu auf der Startseite des Keyword-Planners auf „Get search volume for a list of keywords". Hier können Sie entweder eine Liste Ihrer Keywords über Copy/Paste einfügen (ein Keyword pro Zeile) oder eine Datei hochladen. Informationen über Dateiformate finden Sie direkt darunter über den Button „Supported files and formats".

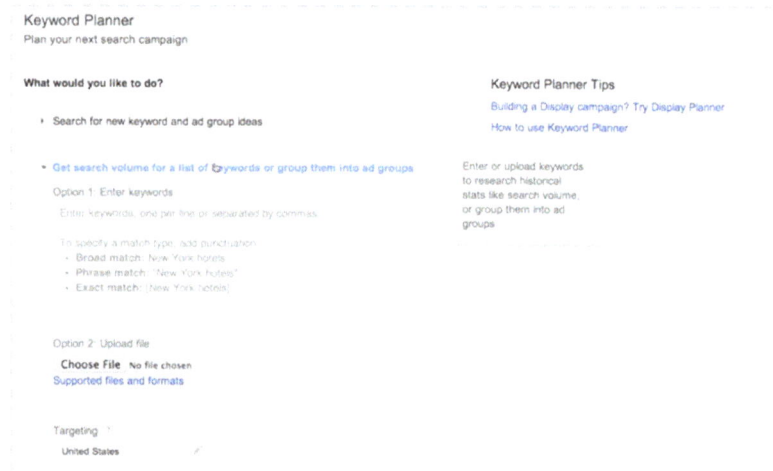

SEO-optimierte WordPress-Themes

Unter den tausenden von WordPress-Themes gibt es welche, die mehr oder weniger SEO-optimiert sind. Hier einige Empfehlungen, welche Themes das nötige Rüstzeug mitbringen und von den Suchmaschinen besser getrackt werden als andere. (Weitere gute und umfangreiche Themes finden Sie bei Themeforest)

- Eleven40Pro (arbeitet auf dem Theme Genesis Framework, welches ebenfalls SEO-optimiert ist). Ein „Framework" ist wie ein Rahmen, der noch leer ist und auf dem aufgebaut werden kann. Es eignet sich eher für Fortgeschrittene, da hier HTML-Kenntnisse nötig sind.
- Revoke
- Thesis Theme (arbeitet auf Thesis Framework)
- Avada
- Schema
- Converio (sinnvoll für Autoren, die auch Coaching und Beratung anbieten, da hier Lead/Landingpages und Selling Pages integriert sind). Landingpages sind einseitige Seiten, auf denen z. B. ein Produkt oder ein Webinar beworben wird. Sie ermöglichen die Verknüpfung zu Bezahlanbietern wie PayPal oder DigiStore und zu Newsletter-Systemen. Personen mit einem Dienstleistungsangebot können so eine „Mailing Liste" mit potenziellen Kunden aufbauen, über die Sie Ihre Werbung regelmäßig verbreiten können.
- Optimize Press (besonders für Trainer und Coaches optimal, da Sie hier ganz leicht Webinare, Landingpages und anderes einbauen können)

Tools und Plugins zur Suchmaschinenoptimierung
Es gibt unzählige SEO-Plugins, die Ihnen das Optimieren Ihrer Seiten und Beiträge erleichtern. Sie helfen Ihnen dabei, Ihre Keywords unterzubringen, Ihre Titel und Beschreibungen zu optimieren. Für Ihre WordPress-Seite empfehle ich die Installation von

- Google Analytics (es hilft Ihnen, Zugriffe und Klickzahlen zu überblicken)
- Google Webmaster Tools (wichtig, damit Ihre Website von Google erkannt wird)
- SEO Yoast (die hier eingegebenen Informationen tauchen bei der Google Suche auf, wenn Leser nach Ihnen suchen)

Verifizierung der WordPress-Website bei Google
Damit Ihre Website bei Google gefunden wird, müssen Sie sie verifizieren. Dies können Sie auf verschiedenen Wegen tun.[22] Einen möchte ich Ihnen hier vorstellen. Sie können für die Verifizierung ein Plugin nutzen, in dem ein Verifizierungscode eingegeben werden muss. Wie das geht, zeigt die folgende Schritt-für-Schritt-Anleitung:
1. Laden Sie sich das Plugin bei http://WordPress.org/Plugins/verify-google-webmaster-tools/ herunter.
2. Speichern Sie die Datei als .zip ab und installieren Sie es auf Ihrer WordPress-Seite.
3. Gehen Sie anschließend in WordPress auf *Einstellungen > Google Webmaster Tools*. Dort können Sie nun Ihren Verifizierungscode eingeben und speichern.

Wissen Sie nicht, wie Sie an den Verifizierungscode kommen? Kein Problem, das ist auch nicht schwer.
Gehen Sie auf:
https://www.google.com/webmasters/tools
Dort klicken Sie auf „Website hinzufügen". Tragen Sie die URL Ihrer Website ein. Dann steht dort: *„Sie haben keinen Zugriff auf diese Website. Bestätigen Sie diese Website oder bitten Sie den Website-Inhaber, Sie als Nutzer hinzuzufügen. –* **Website bestätigen**". Hier klicken Sie auf „Website bestätigen". Wählen Sie „Alternative Methoden" aus und klicken Sie auf „HTML Tag". Dann erscheint so etwas wie:

```
<meta name="p:domain_verify" content=
"123456789012345678901234567890 12"/>
```

Diesen Tag kopieren Sie komplett und fügen ihn dann in Ihrem Plugin auf Ihrer Website ins HTML-Feld ein.

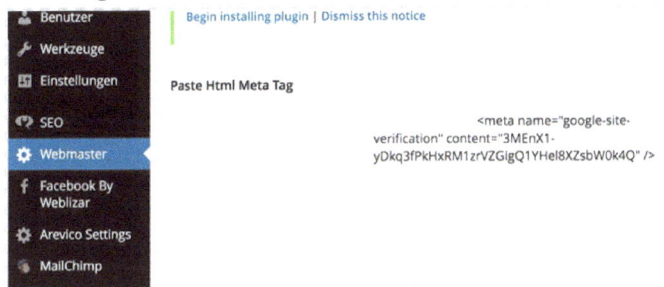

4. Auf die Google Webmaster-Seite zurückgehen und dort, wo Sie den HTML-Tag gefunden haben, müssen Sie jetzt nur noch die Inhaberschaft bestätigen.

Allgemeine Website-Einstellungen

1. Einstellung Ihrer URL: Gehen Sie dazu auf *Einstellungen > Allgemein*. Überprüfen Sie die URL-Einstellung und stellen Sie sicher, dass sie mit der URL im Explorer übereinstimmt.
2. Sichtbarkeit für Suchmaschinen aktivieren: Gehen Sie dazu auf *Einstellungen > Lesen* und stellen sicher, dass Suchmaschinen Ihre Seite finden können. Je nach Theme sind hier die Voreinstellungen anders.
3. Überprüfen Sie Ihre Permalinks (ein Permalink ist die URL der jeweiligen Seite, z. B.:
http://www.mainwunder.de/leistungen
Gehen Sie dazu auf *Einstellungen > Permalinks* und stellen Sie die Permalinks auf „Beitragsname" ein. So enthalten alle Permalinks die Keywords, unter der Ihre Website zu finden ist.
4. Binden Sie Social-Media-Plugins auf Ihrer Website ein. Social-Media-Plugins schaffen Vertrauen und Google reagiert darauf.

5. Tipp: Verifizierte Google+ Konten sorgen für eine bessere Google Platzierung. Erstellen Sie daher ein Google+ Konto und verbinden es mit Ihrer WordPress-Website.

Nutzen Sie das Google Structured Data Testing Tool, um zu überprüfen, ob Ihr Konto mit WordPress verbunden ist: https://developers.google.com/structured-data/testing-tool

Der Feinschliff: Die Meta-Beschreibung

Die Meta-Beschreibung beinhaltet die Angaben, die bei der Google-Suche unter den Ergebnissen angezeigt werden. Sie besteht aus Titel, Haupt-Keyword und Beschreibung. Generell sollte auf jeder Ihrer Seiten und Blog-Beiträge die Meta-Description ausgefüllt sein. Die Beschreibung sollte 150 Zeichen lang sein. Positionieren Sie Ihre Keywords nicht direkt zu Anfang der Meta-Beschreibung, sondern in mittlerer Position (3./4. Stelle), da diese dann von Google höher bewertet werden.

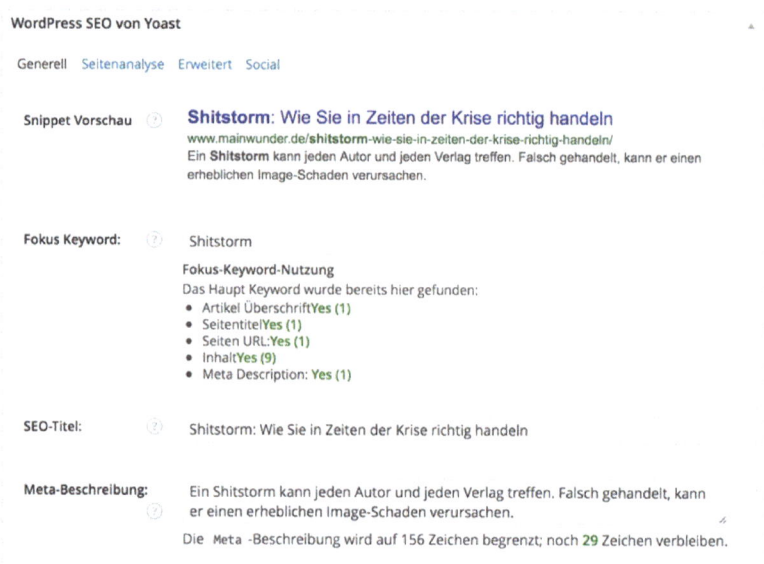

Um die Meta-Description angeben zu können, müssen Sie ein entsprechendes Plugin auf WordPress installieren. Ich nutze gerne SEO Yoast (siehe Kapitel „Die wichtigsten WordPress-Plugins") – dieses zeigt Ihnen via Ampel an, ob Ihre SEO-Einstellungen gut oder weniger gut sind. Wenn sie grün aufleuchtet, haben Sie alles richtig gemacht.

Sorgen Sie dafür, dass Ihre Keywords auch im Titel und im Beitrag enthalten sind. Wie viel Keywords sollte man im Text unterbringen?

Es gilt die Angabe 500 Zeichen → 5 Keywords; 1.000 Zeichen → 10 Keywords. Auch die Dateinamen der Bilder sollten mit Ihren Keywords getagged sein. Benennen Sie sie also immer erst um und laden Sie sie dann hoch.

Fügen Sie Ihren Titel (ideale Länge: 55 Zeichen) in das Titelfeld Ihrer Meta-Beschreibung hinzu. Gehen Sie dazu im WordPress-Backend auf Ihre Seite oder Ihren Blogbeitrag und scrollen Sie nach unten zu den SEO-Angaben. Geben Sie dort den optimierten Beitragstitel ein.

Sind Sie bereit für eine eigene Website?

Brauchen Sie eine Website? Und ob Sie eine brauchen! Aber professionell muss sie sein. Und sie muss zu Ihnen passen. Sie soll Sie authentisch widerspiegeln. Ihre Website ist Ihre „Homebase", auf der alle Informationen über Sie zusammenlaufen. Es genügt daher nicht, dass Sie einmal eine Website anlegen und über Monate weiter nichts auf ihr stattfindet. Damit eine Website heute etwas bringt, sie bei den Suchmaschinen gefunden und von Ihren Lesern gerne und regelmäßig besucht wird, müssen Sie immer neuen Content, das heißt Inhalte, generieren. Die Inhalte sollten vielfältig und eine bunte Mischung aus Texten, Statements, Bildern, Filmen und Aktionen sein. Wenn Sie Sachbücher schreiben, erwähnen Sie dort natürlich auch Ihre Webinare und Seminar-Termine, Ihre „Freebies", Newsletter, Blog und andere Instrumente, mit denen Sie Ihre Dienstleistungen und Ihre Bücher promoten.

Zusammenfassung

Jeder Autor braucht eine eigene Website. Ob es eine Autoren- oder eine Buch-Website ist, sie ist Ihr zentrales Aushängeschild. Wie eine Visitenkarte geben Sie sie an Ihre Leser, an Blogger und an Journalisten weiter, damit sich diese ein noch genaueres Bild von Ihnen machen können. Integrieren Sie sie deshalb in alle Dinge, die sie tun – ob es Werbematerialien sind, die Einladung zur Lesung oder die Pressemitteilung, nur über die Website können Sie eine Brücke vom Werbematerial zu Ihnen schlagen. Wenn Sie Flyer verteilen ohne dass der Betrachter die Möglichkeit hat, auf schnellem Wege mehr über Sie und Ihre Bücher zu erfahren, verpufft der Effekt. Wenn eine Buchhandlung, bei der Sie für eine Lesung anfragen, sich kompliziert Informationen über Sie zusammensuchen muss, weil Sie keine Website haben, werden Sie die Lesung wahrscheinlich nicht bekommen.
Gerade weil die Website in allen Bereichen des Marketings so wichtig für Ihren Erfolg ist, muss sie auch professionell gestaltet sein. Eine Website muss leben, immer neue Inhalte bieten und Interaktion mit Ihnen ermöglichen. Wenn Sie bereits eine haben und Ihre Zugriffszahlen besser sein könnten, hauchen Sie Ihrer Website neues Leben ein. Ich habe Ihnen ein paar der besten Plugins und Tools vorgestellt, mit denen Sie Ihre Website professioneller gestalten und ausstatten können. Und ich habe Ihnen gezeigt, wie Sie Ihre Website für die Suchmaschinen optimieren. Damit sind Sie bestens gerüstet. Fangen Sie an und geben Sie Ihrer Website den perfekten Feinschliff.

Social Media für Autoren

Ohne Social Media geht heutzutage nichts mehr – vor allem im Buchmarketing nicht. Es ist die einfachste und kostengünstigste Möglichkeit, mit seinen Lesern in Kontakt zu bleiben, sie über neue Bücher oder Lesetermine zu informieren und auf Bücher aufmerksam zu machen. mainwunder hat dazu ein Modell entwickelt, das die Grundlage und Philosophie des Social Media Buchmarketings bildet.

Drei Säulen bilden den Rahmen für effektives Social Media Buchmarketing: Information, Dialog und Entertainment. Keine Säule kann ohne die andere, erst die optimale Mischung (im Fachjargon Marketingmix genannt) bringt den Erfolg. Wenn Sie eine Landkarte brauchen, wie Social Media für Autoren funktioniert – hier ist sie. Und so komplex wie Social Media insgesamt ist, so simpel ist die Dynamik des Systems.

Information

Information ist für viele Menschen der zentrale Aspekt, warum sie Social Media für sinnvoll erachten. Schließlich muss man sein Produkt nur genügend platzieren, damit es dann auch gekauft wird – oder doch nicht? Diesem Irrtum unterliegen Autoren häufig. Sie neigen dazu, Ihr Buch in alle erdenklichen Facebook-Gruppen und Kanäle zu posten – manchmal sogar täglich. Sie denken, dass das als Information genügt. Um es direkt zu sagen: Diese Form der Kommunikation ist nicht nur unprofessionell, sondern sogar plump.

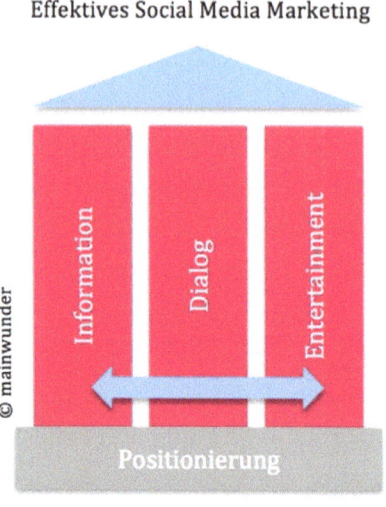

Das 3-Säulen-Modell Social Media Buchmarketing

Ein reines Push-Marketing[23], nach dem man Lesern das Produkt immer wieder und wieder anbietet, hat mit Social Media nichts zu tun. Ein Beispiel für Push-Marketing kann zum Beispiel ein immer wiederkehrender Werbespot sein oder eine Bannerwerbung, die Sie eine Zeit lang schalten. Das ist für eine begrenzte Zeit legitim, aber für Social Media Marketing nicht sinnvoll. Warum ist das so? Die Dynamik des Informationsflusses hat sich in Zeiten des Internets gewandelt: Informationen sind leicht zu bekommen, wir können alles ergoogeln oder in unseren Netzwerken erfragen. Wenn Sie auf einer Messe sind und Ihre Werbebotschaften und Ihre Produkte über Flyer, Aufsteller und Kataloge präsentieren, ist es wichtig und richtig, dass Sie Ihre Botschaften über Werbematerialien „aussenden" und der, der den Flyer liest, Ihre Informationen „empfängt". Im Internet ist Information jedoch nicht mehr ein einseitiger passiver, sondern ein aktiver Akt zweier Akteure: Sender und Empfänger.

Autorentipp
Wenn Sie Informationen bereitstellen halten Sie den Feedback-Kanal offen, so dass Ihre Leser die Möglichkeit haben, mit Ihnen in den Dialog zu gehen.

Die Menschen suchen sich ihre Informationen selbst, sie suchen ein spezielles Produkt, senden also Bedürfnisse aus. Der Autor steht auf der anderen Seite und bietet Dialog und Antworten auf ihre Fragen an, geht auf die Bedürfnisse des Lesers ein. Das heißt, das Sender-Empfänger-Verhältnis hat sich verändert. Wenn Sie also lediglich Ihr Buch posten, ohne wirklich die Bedürfnisse des anderen aufzugreifen, kommunizieren Sie ins Leere. Das ist dann der Fall, wenn so gut wie kein Dialog auf einer Facebook-Seite stattfindet.

Social Media bietet die Möglichkeit, den User abzuholen und mit ihm ins Gespräch zu kommen. Der vernetzte Leser geht heute auf seinen Autor zu, sucht die Nähe und möchte mehr erfahren. Was Sie dabei tun? Sie stellen Informationen im Social Web bereit, die Sie klug und leicht verständlich aufbereitet haben, und bieten Dialog an. Das Bereitstellen von Informationen sollte auf ganz unterschiedlichen Wegen ablaufen. Nutzen Sie verschiedene Kanäle und damit unterschiedlich aufbereiteten Content. Verpacken Sie Ihre Informationen geschickt, so dass es Spaß macht und den Leser anregt, darauf zu reagieren. Dies erreichen Sie mit gezielten Aktionen, Gewinnspielen, Release-Partys, Mitmach-Aktionen, Challenges usw. Diese sind auch besonders sinnvoll für Säule 2 – den Dialog.

Dialog

Ich habe im vorherigen Abschnitt erläutert, dass Kommunikation nicht mehr einseitig abläuft, sondern dazu genutzt wird, mit den Lesern in den Dialog zu gehen. Dialog ist wichtig, aber warum? Nun, User können heute nicht nur leicht an Informationen kommen, sie können selbst zum Informationskanal werden. So der Buchblogger, der über ein Buch auf seinem Blog berichtet und es bewertet, und seine Blog-Follower, die den Beitrag kommentieren und diskutieren. Oder der Leser, der über Rezensionen auf Amazon seine Meinung über das Buch an andere weitergibt. Informationen werden überall und ständig produziert und bereitgestellt. Leser heute geben Feedback. Sie äußern Kritik, aber auch Lob, zeigen, was sie interessiert und was nicht. Es ist eine offenere, freiere Kommunikation, die manchmal zügellos wird. Der Autor hat dann das Gefühl, der Meinung des Lesers ausgeliefert zu sein. Er vergisst dabei, dass er nicht nur Empfänger der Kritik ist, sondern auch Sender. Er kann Einfluss darauf nehmen, wie er und sein Buch wahrgenommen werden. Und das passiert allein über den Dialog. Soziale Netzwerke sind dafür prädestiniert. Sie ermöglichen es dem Autor, seine Leser besser kennenzulernen, sie um sich zu sammeln (so dass man Informationen leichter und gebündelt an die Zielgruppe streuen kann) und eine positive, offene Kommunikation mit dem Leser zu etablieren. Dieser richtet seine Kritik – sofern er eine hat – direkt an den Autor und verbreitet es nicht an anderer Stelle im Netz.

Entertainment

Ein toter Kanal ist schlimmer als gar kein Kanal. Damit das nicht passiert, gibt es die dritte Säule – Entertainment. Sie steht für Aktionen, Kampagnen und spannenden Content. Autoren stellen sich häufig die Frage, wie sie zum Beispiel ihr Facebook-Profil aktivieren können: Die Antwort ist so leicht wie kompliziert – schaffen Sie guten Content! Sie werden sehen, auf was Ihre Leser am besten reagieren. Vielleicht sind es kleine Videos, die Sie einstellen und in denen Sie etwas über Ihr Autorenleben oder ein neues Buchprojekt erzählen. Vielleicht ist es ein Gewinnspiel oder eine andere Mitmach-Aktion bei denen sich Ihre Leser gerne und viel beteiligen.

Entertainment ist nicht nur wichtig, damit alle Spaß bei der Sache haben – im Gegenteil –, da wir uns im Social Web in einem interaktiven, dialogorientierten Umfeld befinden, dient Entertainment als wichtiger Weg, um Botschaften und Informationen an die Zielgruppe zu kommunizieren. Wenn Sie beispielsweise eine Buchparty durchführen, sollten Sie das Programm zwischen Spaß und Information in Balance halten. Das heißt, dass es nicht nur Gewinnspiele gibt, sondern auch eine Leseprobe, eine Live-Lesung oder Auszüge aus Ihrem Buch.

Leser mögen es, eingebunden zu werden. Nutzen Sie die Kraft des Social Webs und fragen Sie sie etwas. Binden Sie sie ein, wenn Sie gerade Ihren neuen Roman schreiben. Geben Sie ihnen das Gefühl, dass sie wichtig sind – nicht nur für den Bucherfolg, sondern auch bereits während der Entstehung des Buches.

Entertainment ist eine ganz wichtige Säule im gesamten Social-Media-Konzept. Das ist der Part, in dem Sie Ihren Lesern etwas zurückgeben. Je kreativer und einzigartiger ist, was Sie tun, umso eher sind Sie im Gespräch. Gehen Sie hier ungewöhnliche Wege. Verlosen Sie nicht einfach ein Buch, verpacken Sie eine Buchverlosung doch geschickt mit einer Aktion, die dem Dialog und der Information zuträglich sind.

Entertainment ist anspruchsvoll, schließlich müssen Sie sich immer wieder neue Dinge einfallen lassen, viel Zeit und auch Budget investieren – aber richtig umgesetzt hilft es Ihnen, Ihre Leser-Community zu erweitern, zufriedene Leser und treue Fans zu haben und viel Positives zurückzubekommen.

Ob Information, Dialog oder Entertainment – eine ausgewogene Mischung macht den Erfolg im Social Web aus. Wenn Sie sich immer wieder an diesen Säulen orientieren, hinterfragen, in welchen Handlungen Sie alle drei Elemente auf welche Weise einbinden können, werden Sie merken, wie Sie immer erfolgreicher und bekannter werden.

Auswahl der Social-Media-Plattformen

Ich werde oft gefragt, welche Plattformen sinnvoll und besonders effektiv sind. Das lässt sich ganz pauschal nicht beantworten, aber es gibt schon Plattformen, auf die Sie nicht verzichten sollten. So ist Facebook als „Basisstation" sicherlich keine schlechte Wahl – findet sich hier doch so ziemlich jede Zielgruppe, die man sich für sein Werk wünscht. Auch die Autoren sind hier sehr vernetzt, Facebook-Gruppen bieten alle erdenklichen Möglichkeiten zum Austausch. Bedenken Sie aber, dass Facebook – genauso wenig wie all die anderen Plattformen – eine Werbeplattform ist, auf der Sie plump Ihr Buch überall und ständig posten. Facebook ist ein soziales Netzwerk, in denen Menschen miteinander agieren und in dem es darum geht, sich auszutauschen, Leser zu finden und an sich zu binden und dann über verschiedene Wege Botschaften und Informationen zu streuen. Neben Facebook bieten aber auch andere Plattformen wie Instagram, Twitter, Pinterest, YouTube und Google+ Autoren die Möglichkeit, sich sichtbar zu machen und mit Lesern in Kontakt zu kommen.

Letztlich gibt es keine Zielgruppe, die sich nur auf einer Plattform aufhält. Der vernetzte Leser ist heute auf verschiedenen Plattformen unterschiedlich aktiv. Er sucht sich dort die Informationen zusammen, die ihn interessieren. Der Weg der

Wahl ist deshalb crossmediales Arbeiten – d. h., man verknüpft verschiedene Plattformen und Aktivitäten sinnvoll miteinander. Aber auf welcher Plattform starten Sie am besten? Social-Media-Neulingen empfehle ich, sich erst einmal auf Facebook und zusätzlich ein oder zwei andere Plattformen zu konzentrieren. Denn oft passiert es, dass wir uns „übernehmen" und mehrere Plattformen gleichzeitig nicht regelmäßig bedienen können – gerade wenn wir keine Hilfe haben. Twitter und Instagram z. B. leben geradezu vom täglichen Twittern und Bilderposten. Es macht also keinen Sinn, sich hier Accounts zuzulegen, wenn man nicht aus Leidenschaft twittert oder Bilder knipsen und teilen möchte.

Um zu entscheiden, welche Plattformen sinnvoll sind, schauen Sie sich Ihre Positionierung, Ihre Stärken, Ihre zeitlichen und personellen Ressourcen und Vorlieben an. Fragen Sie sich, was genau Sie mit dieser Plattform bezwecken wollen. Welche Menschen sollen darüber angesprochen werden – und sind es auch die richtigen, die Ihr Buch kaufen? Können Sie dort eine Ihrer Facetten zeigen, die Ihre Leser interessieren könnte? Drehen Sie abgesehen vom Schreiben Ihrer Bücher gerne kurze Videos, fotografieren Sie gerne oder schreiben Sie gerne viel – oder wenig?
Einige soziale Netzwerke – auf die komme ich später noch zu sprechen – sind für Autoren unverzichtbar, aber bei Twitter, Pinterest, Instagram, YouTube u. a. geht es darum, die Plattform zu finden, mit der Sie sowohl Ihre Zielgruppe ansprechen können, die aber auch zu Ihrer Positionierung passt.

Content ist König

Was bei einem Autor funktioniert, muss bei einem anderen noch lange nicht funktionieren. Leser sind sehr unterschiedlich. Während die einen Leser es toll finden, viel über den Autor zu erfahren, sind die anderen eher zurückhaltend. Während die einen sich bei jedem Gewinnspielen beteiligen, müssen die anderen immer wieder motiviert werden, teilzunehmen. Welcher Content für die eigenen Leser am besten funktioniert, müssen Sie erst herausfinden. Gerade bei breiten Genres wie Romantik oder Gegenwartsliteratur ist die Zielgruppe hinsichtlich ihrer Interessen und Bedürfnisse sehr heterogen. Hier ist das Finden der richtigen Inhalte schwieriger als bei einer sehr spitzen Zielgruppe. Bei einer breiten Zielgruppe wird man es kaum schaffen, immer jeden anzusprechen. Hinzu kommt, dass Facebook immer nur einem Teil Ihrer Follower die Beiträge auf Ihrer Pinnwand anzeigt.

Um der Gefahr schwindender Follower-Zahlen entgegenzuwirken, ist es daher wichtig, dass man Content[24] generiert, der die Mehrzahl der Follower anspricht. Wenn man seine Zielgruppe dafür noch nicht gut genug kennt, probieren Sie verschiedenen Content aus. Posten Sie doch einmal ein Video von sich oder ein Bild und schauen Sie, wie die Resonanz ist. Mit der Zeit lernt man seine Zielgruppe besser kennen und kann hier gezielt agieren.

Wer bemerkt, dass seine Inhalte auf wenig Begeisterung stoßen, kaum kommentiert oder geteilt werden, der sollte einfach etwas anderes ausprobieren. Das kann daran liegen, dass die Posts nicht persönlich genug sind. Dass sie immer die gleichen Inhalte haben oder keinen Mehrwert liefern. (Mehrwert kann auch Einblick in das Leben und Schaffen des Autors sein – denn die Neugier wird gestillt.) Es kann sein, dass Ihre Zielgruppe mehr auf visuelle oder akustische Inhalte reagiert – wie Videos, Podcasts, Bilder. Hier gilt wirklich: Keine Scheu haben, sich auch einmal von einer anderen Seite zu zeigen. Schüchtern gedrehte Handyvideos sind dabei sogar sympathischer, als ein professionell gedrehtes Image-Video über die eigene Person.

Damit Sie bei der Entwicklung Ihres Contents für die verschiedenen sozialen Netzwerke nicht den Überblick verlieren, empfiehlt sich ein Redaktionsplan. Sollten Sie einen Blog haben, können Sie auch hierfür einen Redaktionsplan erstellen. Der Redaktionsplan legt fest, wann und wo welcher Content gepostet wird. Sie können hierfür eine simple Excel-Tabelle oder auch Tools wie den Post Planner[25] oder professionelle Social Media Tools wie Hootsuite[26] nutzen, mit denen sie von einer Plattform aus für alle Social Media Kanäle Beiträge vorplanen können.

Noch ein Wort zu Buch- und Leseplattformen: Hier fragen sich Autoren häufig „Welche von den vielen Plattformen ist die richtige für mich?". Bei der Entscheidung sind es nicht nur die Größe und Bekanntheit der Plattform, die eine Rolle spielen. Sondern auch, welche zu Ihnen und Ihrem Buch passt. So haben unsere Kunden ganz unterschiedliche Erfahrungen mit den großen, einschlägigen Leseplattformen wie z. B. LovelyBooks und den kleineren Plattformen wie z. B. wasliestdu.de gemacht. Bei einem spirituellen Liebesroman waren die Leser auf LovelyBooks unfassbar aktiv, während bei einem Buch über moderne Geschichten aus der Bibel der Austausch bei wasliestdu.de intensiver und persönlicher war. Zwei Bücher, die eine enge Zielgruppe bedienen und deren Leser auf den Plattformen völlig unterschiedlich reagierten.

Manchmal ist die richtige Plattform ganz nah und nicht die, die man vielleicht am Anfang im Auge hatte. Die Plattform alleine macht auch noch keine Geschichte, sondern die Idee, die man mit Hilfe dieser Plattform umsetzen möchte. Bei der Wahl der richtigen Plattform gibt es nicht immer ein Entweder-oder, sondern die Frage der optimalen Kombination von Plattformen, die zu Ihnen passen und effektiv sind. Vermeiden Sie es, der „Hansdampf in allen Gassen" zu werden – nur wenn Sie auf Ihren Plattformen wirklich aktiv sind und Sie dort auch Ihre Zielgruppe erreichen, bringen sie Ihnen auch etwas.

Die Reaktionszeit

Wer sich in sozialen Netzwerken tummelt, der muss Zeit investieren – vor allem Echtzeit. Das bedeutet, dass Ihre Follower erwarten, auf eine ihrer Fragen oder Nachrichten schnell eine Antwort zu bekommen. Je schneller, desto besser – dafür gibt es in großen Unternehmen Community Manager, die dafür sorgen, dass der Kunde nicht lange auf seine Antwort warten muss. Je schneller reagiert wird, desto mehr hat das Unternehmen einen Stein im Brett des Users – das Ansehen der Facebook-Seite steigt. Denn natürlich bekommen auch andere mit, ob man Antworten erhält und ob diese wirklich aktivierend sind, also User dazu animieren, Kommentare abzugeben, zu diskutieren oder nachzufragen. Wird zu spät oder gar nicht reagiert, schlägt das wiederum ins genaue Gegenteil um – die Gunst des Unternehmens beim Kunden hat gelitten.

Autorentipp
Gerade bei Social Media zählt Qualität vor Quantität. Auch ein Facebook-Account bedeutet viel Arbeit, dessen Inhalte vorbereitet und umgesetzt werden müssen.

Ratgeber und Social Media

Menschen, die einen Ratgeber schreiben, besitzen häufig eine besondere Expertise, einen beruflichen Hintergrund oder Erfahrung aus den Bereichen Coaching, Training und Therapie. Hier gilt es also mehr darum, Inhalte zu vermitteln und Ihre

Expertise zu unterstreichen. Als Autor eines Ratgebers haben Sie deshalb mehr Möglichkeiten, dieses in sozialen Netzwerken zu vermarkten. Die Herangehensweise ist hier eine völlig andere. Nicht nur, dass Sie – meist – eine ganz enge Zielgruppe haben, die Sie mit Ihrem Buch ansprechen und so genau auf sie zugeschnittene Inhalte generieren können. Zudem haben Sie auch weitaus mehr „technische" Möglichkeiten. Ein Muss ist eine so genannte Landingpage, auf der Sie einen Auszug aus Ihrem Buch als kostenloses E-Book zur Verfügung stellen, um Ihre E-Mail-Liste zu erweitern und letztlich Ihr Produkt oder Ihre Dienstleistung zu verkaufen. Sie können zusätzlich Einnahmen generieren, indem Sie kostenpflichtige Webinare, Challenges oder Online-Trainings anbieten. Und Sie können Präsentationen aus Vorträgen oder Seminaren, auf denen Sie geredet haben, z. B. via Slideshare mit Ihren Followern teilen.

Menschen, die bei Ihrer Facebook-Seite auf „Gefällt mir" klicken, haben ein Bedürfnis und erhoffen sich von Ihnen Anregungen für die Lösung ihres Problems. Dies zu bedienen und sie nebenbei neugierig zu machen auf all Ihre anderen Produkte (Workshops, Webinare, Ihr Buch usw.), ist Inhalt Ihrer Social-Media-Arbeit.

Für Ratgeber ist auch ein Blog das Mittel der Wahl. Integrieren Sie ihn auf Ihrer Website und nennen Sie ihn auf Seminaren, Tagungen und Vorträgen als Informationsquelle. Oder Sie nutzen neuere Social Media Tools, z. B. Periscope oder Facebook Mentions, mit denen Live-Übertragungen möglich sind. Video-Streamings haben den Vorteil, dass man Sie so besser wahrnehmen und einschätzen kann. Wenn es um fachliche oder sachliche Themen geht, ist es wichtig, ob Sie als vertrauensvoll und sympathisch wahrgenommen werden. Dies ist über Bewegtbild leichter zu erreichen.

Wenn Sie nicht wissen, wie Sie sich und Ihre Themen platzieren sollen, ist Ihre Positionierung noch nicht klar genug. Diese ist gerade im Social Web aber sehr wichtig. Wenn Sie also das Gefühl haben, noch nicht hinreichend wahrgenommen zu werden oder die falschen Menschen anzusprechen, ist Ihre Positionierung wahrscheinlich noch zu schwammig. Finden Sie immer zuerst Ihre Positionierung, kreieren Sie dann die Marke (ein besonderes Label, eine besondere Bezeichnung oder ein besonderes Markendesign) und laufen Sie von dort aus los, um die sozialen Netzwerke zu erobern.

Der richtige Umgang mit Kritik

Social Media beruht auf Vertrauen. Das glauben Sie nicht, das sind ja schließlich nur „virtuelle Freunde"? Ein bisschen haben Sie Recht. Dennoch ist es so, dass hinter jedem Ihrer virtuellen Follower ein echter Mensch mit Bedürfnissen steckt. Indem er auf Ihrer Facebook-Seite auf „Gefällt mir" geklickt hat, gibt er Ihnen einen Vertrauensvorschuss. Wie ich bereits auf den vorherigen Seiten erläutert habe, vereinfacht das Social Web die Möglichkeit, positive aber auch negative Kritik zu äußern und zu verbreiten. Wie können Sie hier mit Kritik umgehen?
Wird nun offen Kritik geäußert, heißt es: zuhören und das Problem lösen. Dabei ist es eine Gratwanderung zwischen „zu viel" und „zu wenig". Wenn Sie sich mehr auf eine Diskussion einlassen als wirklich notwendig, kann sich die Diskussion und damit die Kritik an Ihnen im Zweifel nur noch mehr hochschaukeln.
Die größte Gefahr stellt dabei die eines Shit Storms dar. Als „Shitstorm" wird die öffentliche Entrüstung im Netz bezeichnet, bei der sich Argumente mit Beleidigungen und Bedrohungen mischen[27]. Dieses erschütterte Vertrauen dann wieder aufzubauen, ist sehr schwer und langwierig. Sollten Sie je in eine derartige Situation geraten, ziehen Sie am besten einen Profi zu Rate. Kommunizieren Sie offen, seien Sie ehrlich. Vermeiden Sie

es, auf öffentliche Kritik mit nichtssagenden Postings zu reagieren, die dem Leser vermitteln, dass Sie weder ihn noch seine Kritik ernst nehmen. Auch wenn es schwer fällt: Öffnen Sie sich für die geäußerte Kritik, denn sie könnte Ihnen helfen, Ihre Kommunikation oder Ihr Produkt zu verbessern.

Und unter uns: Es ist besser, ehrliche Follower zu haben als Follower, die nicht ihre Meinung sagen, aber eigentlich unzufrieden sind.

So „unsicher" das Social Web hinsichtlich dessen ist – es bietet Ihnen die einmalige Chance, direkt auf Kritik einzugehen, angemessen zu reagieren und sich wieder zu fangen.

Facebook: Basisstation für Ihr Social Media Marketing

Manche Autoren nutzen ihr privates Profil, um Neuigkeiten rund um ihr Buch zu posten. Das ist auch nicht schlimm und kann man gerne zusätzlich tun. Dennoch muss ein richtiges Autorenprofil her.

Warum? Ein privates Profil hat eine Beschränkung – nämlich 5.000 Freunde. Danach ist Schluss. Das klingt erst einmal viel, aber können Sie wissen, wie es in ein, zwei Jahren aussieht? Entgegen des privaten Profils ist die Autorenseite eine „Seite", die beliebig viele „Gefällt mir"-Klicks erlaubt. Sie müssen hier also keine Freundschaftseinladungen annehmen, Ihre Leser klicken „Gefällt mir" und erhalten alle Neuigkeiten auf ihrer Pinnwand.

Noch ein wichtiger – und aus meiner Sicht fast der wichtigste – Grund für eine Autorenseite: Trennen Sie privates von beruflichem! Was für Ihre Freunde bestimmt ist, müssen Ihre Leser nicht immer wissen und umgekehrt. Ihre Freunde sind nicht Ihre Zielgruppe und sie werden es vielleicht nicht verstehen, wenn Sie sich plötzlich „anders" (also nicht mehr so privat zum

Beispiel) geben, ständig Buch-Aktionen machen und immer wieder Informationen zum Buch posten. Ihre Freunde sind Ihre Freunde und nicht Ihre „Kunden". Sie sind als Schriftsteller gleichzeitig Unternehmer: Berufliches sollte von deshalb von Privatem getrennt sein.

So erstellen Sie sich ein professionelles Autorenprofil
1. Wenn Sie bereits ein Privatkonto auf Facebook haben, dann können Sie Ihre Autorenseite leicht von Ihrem Privatkonto aus erstellen. Gehen Sie dazu in Ihrem privaten Profil oben rechts auf den Pfeil und wählen Sie „Seite erstellen" aus. Wählen Sie anschließend „Künstler, Band oder öffentliche Person" aus.

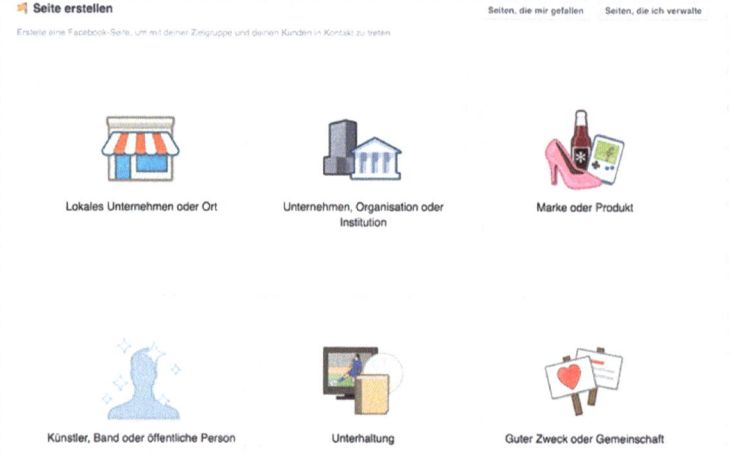

2. Wählen Sie unter Kategorie „Autor" oder „Schriftsteller" aus und fügen Sie Ihren Namen ein. An dieser Stelle ist es erlaubt, Ihr Pseudonym zu verwenden, sofern Sie eines besitzen. Einzig Ihr privates Profil muss Ihren echten Namen tragen.

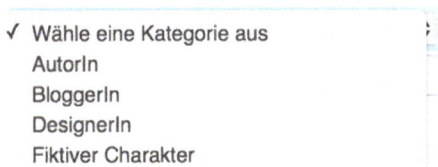

3. Fügen Sie nun eine Kurzbeschreibung, den Link zum Impressum und Ihrer Website (oder zu Amazon), sowie die Adresse Ihrer Facebook-Seite ein. Achtung, diese kann nur einmal geändert werden. Wählen Sie entweder:

Facebook.com/Autorenname

Oder:

Facebook.com/autor+Autorenname

4. Fügen Sie nun Ihr Profilbild mit den Maßen 180x180 Pixel ein. Wählen Sie ein sympathisches Porträtbild aus. Es lohnt sich, gute Bilder von einem Fotografen machen zu lassen –

die Bilder sind wichtig für Ihre Pressemappe und für zukünftige Drucksachen oder Anzeigen, für die Bilder in Druckqualität benötigt werden.
5. Definieren Sie Ihre Seitenzielgruppe. Haben Sie z. B. ein Kinderbuch geschrieben oder einen Ratgeber für Männer, können Sie entsprechend die Zielgruppe festlegen. Das heißt nicht, dass Ihre Seite nicht auch anderen angezeigt wird, aber sie wird bevorzugt jenen angezeigt, die Ihrer definierten Zielgruppe entsprechen.
6. Das Titelbild Ihrer Facebook-Seite benötigt die Maße 851x315 Pixel. Dies ist die visuelle Fläche, die Ihr Buch/Ihre Bücher und aktuelle Aktionen promotet. Nutzen Sie diese visuelle Fläche! Immer mal wieder das Bild zu ändern, rüttelt Ihre Follower wieder wach – sie merken, auf Ihrem Profil tut sich was. Zwar gehen nur etwa 5% Ihrer Follower direkt auf Ihre Facebook-Seite, da sie ja mit Ihren Beiträgen direkt in ihrer Chronik versorgt werden. Aber kommt ein Leser zum ersten Mal auf Ihre Seite, entscheidet der erste Eindruck darüber, ob er auf „Gefällt mir" klickt. Sieht alles sehr unprofessionell und verstaubt aus, wird er nicht viel Lust haben zu „bleiben".
7. Tunen Sie Ihre Facebook-Seite: Verknüpfen Sie sie mit Ihrer Buch- oder Autorenwebsite, fügen Sie eine Leseprobe ein, verlinken Sie sie mit Amazon und integrieren Sie die Anmeldung für Ihren Newsletter.

Gadgets für Ihre Facebook-Page

Ihre Facebook-Page muss nicht langweilig aussehen. Es gibt zahlreiche Apps und Tools, mit denen Sie Ihre Facebook-Page aufrüsten können. Ein paar tolle Gadgets stelle ich Ihnen hier vor.

Newsletter-App

MailChimp bietet wie andere Newsletter-Anbieter auch eine Facebook App an, die Sie mit Ihrem Facebook-Profil verknüpfen können. Alle Subscribers (Anmeldungen) werden automatisch in Ihrer Liste auf MailChimp gespeichert.

- Loggen Sie sich dazu in Ihren MailChimp-Account ein, öffnen Sie oben rechts den Reiter und klicken Sie auf „Profile".

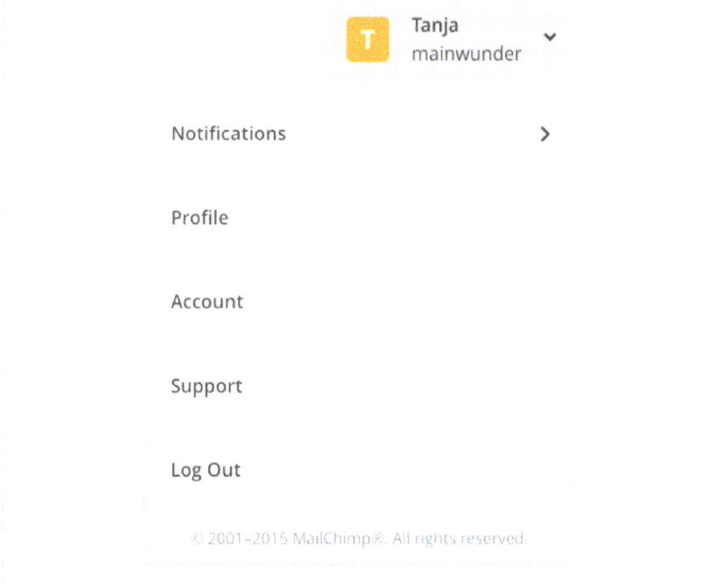

- Klicken Sie anschließend auf „Integrations" und wählen Sie „Facebook" aus.
- Über „Login" verknüpfen Sie MailChimp nun mit Facebook.
- Suchen Sie nun die Facebook-Seite heraus, die Sie mit MailChimp verknüpfen möchten.
- Wählen Sie anschließend die Liste aus, in die die E-Mail-Adressen gespeichert werden sollen. Bei „Use signup form from tab" klicken Sie „Ja".
- Entscheiden Sie sich nun noch für ein Design und verfassen Sie eine Tab-Beschreibung.

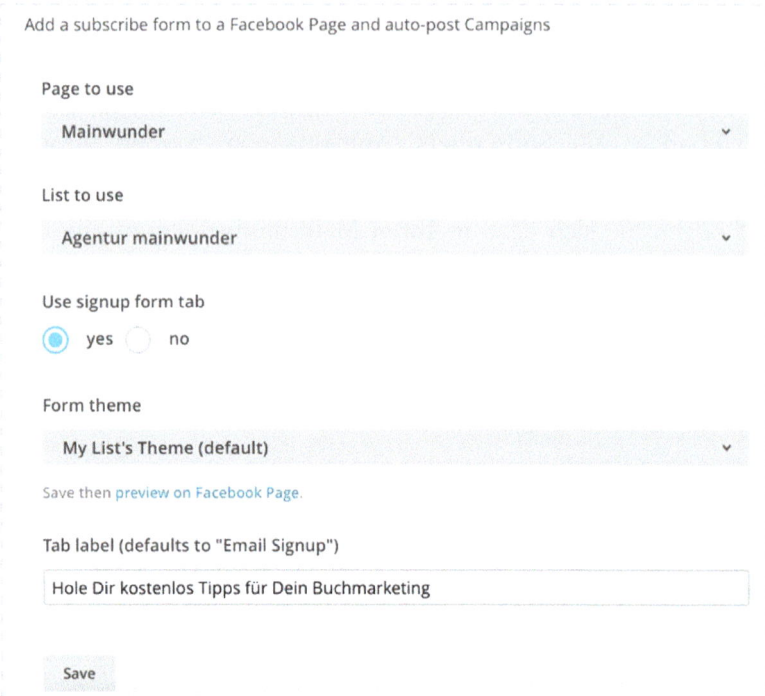

Einen Blog in die Facebook-Seite integrieren

Das kostenlose Tool „Symphony Blog Tab" ist eine tolle Lösung, mit der Sie Ihren Blog als „Tab" in Ihre Facebook-Page integrieren können.

- Gehen Sie auf http://www.symphonytools.com und loggen Sie sich mit Ihrem Facebook-Profil ein.
- Verknüpfen Sie anschließend Symphony mit Ihrem Facebook-Profil und integrieren Sie Ihren Blog. Klicken Sie dazu unter „Social Profiles" auf „Add Profiles and Blogs".

- Geben Sie zur Integration Ihres Blogs die URL, den Namen Ihres Blogs und die URL Ihres Blog-Feeds ein. Die Feed-URL ist in der Regel die URL Ihres Blogs/Feeds[28].
- Nun müssen Sie noch den Blog als Tab in Ihre Facebook-Seite integrieren. Sie können hier die kostenpflichtige Version von Symphony nutzen – klicken Sie dazu auf den Button „Add Blog Tab".

  Wer eine kostenlose Alternative sucht, dem empfehle ich, den Tab über „NetworkedBlogs" hinzuzufügen. Gehen Sie auf die NetworkedBlogs-Facebook-Seite:
  https://www.facebook.com/networkedblogs
  Klicken Sie auf den „Mehr"-Reiter neben dem Nachrichten-Reiter. Daraufhin öffnet sich eine Auswahl, wählen Sie hier „App zur Seite hinzufügen".

- Wählen Sie die Facebook-Seite aus, auf der Ihr Blog eingebunden werden soll.

- Gehen Sie nun auf Ihre Facebook-Seite, in der Sie den Tab gerade eingebunden haben, und wählen Sie das Design aus, in dem Ihre Blogbeiträge angezeigt werden sollen.
- Schieben Sie den Reiter an die gewünschte Position und benennen Sie ihn um, wenn Sie statt „Blog" einen anderen Namen wählen möchten. Gehen Sie dazu auf *Einstellungen > Apps* und unter NetworkedBlogs auf „Einstellungen bearbeiten". Hier können Sie Ihren Blog-Tab umbenennen.

- Jetzt ist Ihr Blog als eigener Tab auf Ihrer Facebook-Seite integriert. Sie können ihn jetzt weiter editieren.

Eine Facebook-Werbeanzeige schalten

Entgegen mancher Meinungen, dass Facebook-Werbeanzeigen nichts bringen, sehe ich Werbeanzeigen als einen ganz wesentlichen Erfolgsfaktor im Buchmarketing an. Und auch für Autoren bieten sie viele Möglichkeiten, ihr Buch für die richtige Zielgruppe sichtbar zu machen. Dies aus verschiedenen Gründen:
1. Während ich mir als Selfpublisher meist keine Banner- oder Anzeigenschaltung in Zeitungen, Online-Medien oder Plattformen wie LovelyBooks leisten kann (pro Anzeige einige tausend Euro), kann ich hier mit ganz kleinem Budget (schon ab 5 Euro am Tag) bereits gute Ergebnisse erzielen.
2. Die Resultate lassen sich täglich überprüfen und – wenn sie Ihnen noch nicht genügen – anpassen. Durch die Reich-

weite, die Texte und die Zielgruppeneinstellungen lässt sich aus jeder Anzeige das Beste herausholen.
3. Eine Facebook-Werbeanzeige gibt Ihnen viel Aufschluss über Ihre Zielgruppe, so dass Sie anschließend Ihr Marketing zielgerichteter ausrichten können. Sie erfahren, ob männliche oder weibliche User auf die Anzeige klicken, wie alt sie sind und wo sie leben. Sie erfahren sogar, von welchem Gerät aus sie auf die Anzeige zugreifen und – das Wichtigste – was sie nach dem Klick auf die Anzeige gemacht haben. Haben sie sich weiter umgesehen? Dann war spannend, was sie dort (auf Amazon, Ihrer Website, Ihrem Blog, Ihrer Facebook-Seite) gelesen haben. Gab es keine weiteren Klicks, können Sie dort eventuell nachjustieren – ist die Buchbeschreibung auf Amazon einwandfrei? Findet auf Ihrer Facebook-Seite regelmäßig etwas Spannendes statt, was einen User zum Bleiben einlädt? Aus dem Verhalten und den Statistiken der Werbeanzeige lassen sich unzählige Informationen gewinnen.
4. Wie bekommen Sie User, die noch nicht zu Ihren Stammlesern zählen, leichter auf die Amazon-Seite Ihres Buches? Anzeigen können Facebook-User leicht auf Ihr Buch aufmerksam machen und der Weg zu Amazon (oder einem anderen Online-Shop) ist nur einen Klick entfernt. Ziel ist eine hohe „Conversion Rate", also das Erreichen von Usern, die nach dem Klick auf die Anzeige mit hoher Wahrscheinlichkeit das Buch kaufen.
5. Vielfältiger Einsatz: Wer sein Buch nicht direkt bewerben möchte, kann andere Beiträge bewerben, z. B. einen Blogbeitrag, ein Gewinnspiel oder ein Freebie, aus dem User einen Mehrwert erhalten und Sie Ihre E-Mail-Liste ausbauen können. Sie können eine Leseprobe bewerben, die Ankündigung zu Ihrer kommenden Neuveröffentlichung, oder Inhalte auf Ihrer Website. Wenn Sie eine Lesetour veran-

stalten, können Sie diese genauso bewerben wie lokale Lesungen. Hier müssen Sie die geographischen Einstellungen natürlich entsprechend in der Werbeanzeige anpassen, aber auch das ist leicht möglich.
6. Wenn Sie neben Ihrem Buch weitere Dienstleistungen (z. B. Coaching oder Beratung zu einem bestimmten Thema) anbieten, können Sie diese natürlich auch bewerben. Wie Leser zu einem finden – dafür gibt es unzählige Wege. Jeder springt auf etwas anderes an, da in jedem von uns gerade andere Fragen oder Probleme aktuell sind.

Wie Sie Ihre Facebook-Werbeanzeige optimal einstellen

Je nachdem, ob Sie über Ihre Facebook-Seite direkt oder über den Business Manager eine Werbeanzeige erstellen – die Schritte sind die gleichen.
1. Gehen Sie auf Ihrer Facebook-Seite rechts oben auf den Pfeil und wählen Sie „Werbeanzeige erstellen" aus.
2. Anschließend kommen Sie auf diese Übersicht:

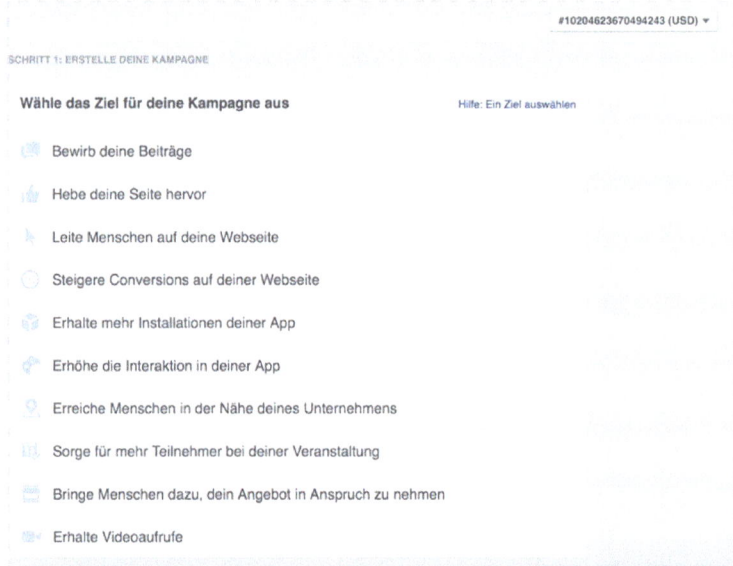

3. Wählen Sie die für sich passende Anzeige und rechts oben im Drop-Down-Menü das gewünschte Konto. (Die Kontoeinstellungen haben Sie zuvor bereits getätigt.)
4. Nehmen wir an, Sie wählen die Kampagne „Klicks auf die Website". Dann fügen Sie hier die URL zu der Seite ein, auf die der User gelangen soll. (Achten Sie darauf, dass der Link funktioniert – nach Fertigstellung der Anzeige sollten Sie diese stets noch mal kontrollieren, ob sie genau dort hin führt, wohin sie führen soll.)

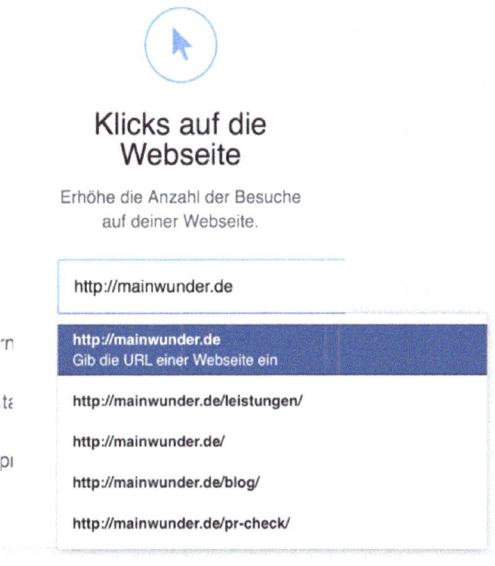

5. Geben Sie nun die Standort-Einstellungen ein, d. h. aus welcher Region oder welchem Land die User kommen sollen, denen Ihre Anzeige angezeigt wird. Je feiner Sie hier präzisieren, desto genauer treffen Sie genau die Menschen, die sich auch für Ihre Anzeige interessieren.
6. Es ist möglich, zu Beginn ganz Deutschland, Österreich und die Schweiz einzutragen und nach einer Woche zu schauen, aus welcher Region die meisten Zugriffe kamen. Wenn Sie von Anfang an präzisieren möchten, gibt es ebenfalls von

Google ein nettes Tool, „Google Explore", welches anzeigt, aus welcher Region bestimmte Suchbegriffe am häufigsten bei Google eingegeben werden. Melden Sie sich dazu bei Google an und gehen Sie auf diesen Link: https://www.google.com/trends/explore#geo=DE&cmpt=q&tz

7. Sie haben nun Ihre Orts-Einstellungen präzisiert. Geben Sie anschließend die Angaben für Ihre Zielgruppe – Alter, Geschlecht und Sprache – ein. Hier gab es schon einige Überraschungen: Eine Autorin wies ihr Buch einer recht jungen Zielgruppe zu, doch nach einer Weile stellte sich über die Anzeige heraus, dass sich eher ältere Frauen dafür interessieren. Das sind unschätzbar wertvolle Informationen! Es macht also nichts, wenn Sie sich noch nicht genau auf Alter und Geschlecht festlegen wollen. Halten Sie dann einfach die Einstellungen allgemein und analysieren regelmäßig die Resonanz.

8. Eine entscheidende Einstellung sind die „Interessen". Hier geben Sie die Keywords ein, die Ihr Buch am besten beschreiben. Sie auszulassen ist keine Option, das wäre ungefähr so, als würden Sie bei Ihrem Navigationsgerät im Auto keinen Zielort eingeben. Aber Achtung, es können nur solche Keywords ausgewählt werden, die im Drop-Down-Menü verfügbar sind. Das kann einen etwas frustrieren. Wählen Sie beispielsweise das Genre Ihres Buches oder das Thema Ihres Ratgebers aus.

9. Von Liebeskummer über Coaching bis Kochbuch finden Sie hier einiges, dass Ihr Angebot oder Ihr Buch gut beschreibt. Jeder, der diese Keywords einmal gegoogelt oder anderweitig danach gesucht hat, dem wird die Anzeige dann auf Facebook angezeigt. Deshalb sehen wir, nachdem wir im Online-Shop nach Möbeln gesucht haben, anschließend auch Anzeigen von Möbel-Shops auf Facebook.

Autorentipp

Ein kleiner, aber feiner Trick, um genau Ihre Zielgruppe zu erreichen: Geben Sie unter Interessen nicht nur allgemeine Schlagworte wie Ihr Genre oder E-Books ein, sondern auch die Namen von bekannten Autoren, die eine ähnliche Zielgruppe haben. Damit machen Sie die Leser von den Autoren aufmerksam, die genau diese Sorte Buch gerne lesen und denen auch Ihr Buch gefallen könnte.

10. Legen Sie anschließend Ihr Budget fest. Sie können wählen zwischen Tagesbudget (ab 5 Euro) und einem Laufzeitbudget (z. B. 30 Euro für eine Woche Laufzeit). Ich stelle eine Anzeige mindestens eine Woche ein, um einen ersten Hinweis auf die Personen zu bekommen, die auf die Anzeige klicken. Mit diesen Informationen kann ich die Einstellungen weiter verfeinern, so weit, bis sehr gute und stabile Ergebnisse erzielt werden.
11. Laden Sie nun Ihre Anzeigenbilder hoch. Bitte wählen Sie Bilder, die optimal ins Anzeigenfenster passen, da abgeschnittene Anzeigen unprofessionell und unschön aussehen. Die Maße für Anzeigenbilder sind 1.200 x 628 Pixel[29]. Verwenden Sie mehrere Bilder zur Auswahl, denn oft stellt sich heraus, dass die User auf unterschiedliche Bilder ansprechen. Achten Sie auf das 20%-Verhältnis: Ein Anzeigenbild darf lediglich 20% Text enthalten, ansonsten wird es von Facebook nicht genehmigt. Ein „Jetzt erhältlich" oder ein kurzer Slogan oder ein kurzes Zitat ist möglich. Um zu überprüfen, ob Ihr Anzeigenbild zu viel Text enthält, können Sie die so genannte „Rasterfunktion" von Facebook nutzen.
Gehen Sie dazu auf:
https://www.facebook.com/ads/tools/text_overlay

und laden Ihr Bild hoch. Anschließend markieren Sie die Positionen im Bild, die Text enthalten. Facebook zeigt nun an, wie viel Prozent Text Ihr Bild enthält.
12. Haben Sie die Werbeanzeige eingestellt, überprüfen Sie regelmäßig die Ergebnisse. Wird ein zu hoher Betrag pro Klick berechnet, sind die Einstellungen noch nicht präzise genug. Dann müssen Sie nachjustieren. Haben Sie evtl. die Interessen nicht genau genug definiert oder stimmen die ausgewählten Regionen oder das Alter der Zielgruppe nicht? Ein sehr hoher Betrag ist 0,30 Cent und darüber. Wenn Sie einen Betrag um die 0,9 und darunter haben (manche Werbeanzeigen weisen bei mir einen Betrag von 0,05 Cent pro Klick auf) ist Ihre Werbeanzeige optimal eingestellt. Je weniger Sie also zahlen, desto effektiver sind Ihre Resultate.

Je detaillierter, desto besser. Wenn Sie mehrere Zielgruppen haben, stellen Sie lieber parallel mehrere Anzeigen ein – denn jede Zielgruppe spricht auf eine andere Ansprache an.

Twitter: Das schnellste Marketing-Tool

Twitter ist etwas für Liebhaber schneller, kurzer Botschaften und für Menschen, die mit der Foto-Plattform Instagram arbeiten (wollen). Denn beide Plattformen sind über die Funktion des „Hashtags" eng miteinander verknüpft. Mit über 250.000 Usern aus über 70 Nationen ist Twitter ein starkes Marketing-Tool, vor allem für Verlage. Für Autoren ist es kein absolutes Must-have, aber ein Nice-to-have. Denn: Auf Twitter tummeln sich auch ganz viele Buch-Blogger – vor allem die erfolgreichen. Twitter ist eine gute Möglichkeit, sich hier sichtbar zu machen und im besten Fall mit ihnen ins Gespräch zu kommen.

140 Zeichen – so viel Platz ist für Ihre Botschaft. Das ist nicht viel, nimmt man dazu den Platz für Hashtags und URLs weg

(deshalb sollten Sie hier unbedingt lange Links auf Kurzlinks ändern, dies gelingt zum Beispiel mit dem Kurz-URL-Dienst „bitly"[30]). Beachten Sie, dass Tweets mit 100-110 Zeichen am meisten Aufmerksamkeit erhalten.[31]
Während bei Facebook Inhalte zählen, steht bei Twitter der Austausch im Vordergrund. Über ein Buch plaudern, sich mit Bloggern und anderen Autoren vernetzen, an ihrem Leben teilnehmen und sie an Ihrem teilhaben lassen. Hier kommt es weniger auf „gut" gemachte Tweets an, sondern auf
a) die Häufigkeit Ihrer Tweets
b) der Privat-Faktor Ihrer Tweets
c) Kontaktfreudigkeit

Inhalte für Twitter

- Links zu Blogposts mit einem Satz zum Inhalt
- Bilder, die Sie, Ihr Leben oder Ihr Projekt abbilden
- Links zu Gewinnspielen, Leserunden und anderen Aktionen
- Live-Twitter: Lassen Sie Ihre Follower an Events, Lesungen, Messe-Besuchen, Meet&Greets mit Lesern u. v. m. teilhaben
- Updates über laufende Projekte: neue Veröffentlichungen, Schreibprojekte
- Hintergrundberichte aus Ihrem Autorenalltag: Vorbereitungen von Aktionen, Freude über neue Rezensionen, Einblicke in Ihren Schreibort usw.

Ein Twitter-Profil einrichten

1. Gehen Sie auf http://www.twitter.com und registrieren Sie sich. Nutzen Sie bei der Anmeldung den gleichen Nutzernamen wie auf Ihren anderen Social-Media-Kanälen. So können Sie leichter gefunden werden.

2. Gestalten Sie Ihr Profil.
3. Passen Sie Ihr Twitter-Profil Ihrem Corporate Design an – verwenden Sie die gleichen Bilder, Farben und Schriften.

Profilbilder
Als Autor wählen Sie ein sympathisches Porträt von sich als Profilbild und für das große Header-Bild ein Bild, auf dem Ihr aktuelles Buch oder alle Bücher abgebildet sind.
Das Header-Bild auf Twitter hat die Maße 1.500x500 Pixel. Die Dateigröße darf max. 10 MB umfassen. Möglich sind JPG, GIF, PNG.
Das Profilbild hat die Maße 400x400 Pixel. Die Dateigröße darf max. 100 KB umfassen. Möglich sind JPG, GIF, PNG.

Kurzbeschreibung
Formulieren Sie eine Kurzbeschreibung, die Sie – wer Sie sind und was Sie tun – am besten widerspiegelt. Verwenden Sie „Keywords", um Ihr Genre, Ihre Bücher zu beschreiben – so können Sie über die Suchfunktion gefunden werden. Setzen Sie jedoch kein Hashtag (#) vor Ihre Keywords in der Beschreibung: Keywords mit Hashtag erscheinen nicht in der Suchfunktion.
Nutzen Sie witzige und individuelle Beschreibungen. Das kann etwas Privates sein, eine Macke, etwas, das nur Sie persönlich auszeichnet. Wenn Sie dadurch bei Bloggern ein Schmunzeln erreichen oder sie neugierig auf Sie werden, haben Sie alles richtig gemacht.

Integrieren Sie Links zu Ihrer Website, Blog oder anderen Social-Media-Profilen und binden Sie das Impressum ein (dieses können Sie mit dem Impressum auf Ihrer Website verlinken).
Unter Design-Farbe können Sie Ihr Profil farblich Ihrem Corporate Design anpassen.

Follower und Listen

Über die Suchfunktion können Sie mit Hilfe von Keywords nach interessanten Menschen suchen. Als Teil der Buchbranche sind natürlich andere Autoren, Buch-Blogger, Verlage und Unternehmen der Buch-Branche spannend. Aber auch Medien, Verbände (Selfpublisher Verband) oder fachliche Profile, die thematisch mit Ihrem Buch zu tun haben. Haben Sie Profile entdeckt, die Sie interessieren, klicken Sie auf „Folgen" und auf das kleine Rädchen neben „Folgen". Hier können Sie die Person/das Unternehmen einer bestimmten Liste (öffentlich oder privat) hinzufügen. Über das Rädchen können Sie auch direkt einen Tweet an die Person/das Unternehmen senden.

Twitter-Profil des Rowohlt-Verlages

Haben Sie das Profil einer Liste hinzugefügt, sieht das dann so aus:

Möchten Sie nun wissen, was in einer „Ihrer Listen" so passiert, klicken Sie oben rechts auf Ihr Profilbild, wählen „Listen" und anschließend die Liste, die Sie interessiert, aus. Dann erhalten Sie eine Übersicht aller Posts von den Profilen dieser speziellen Liste. So können Sie auf einen Blick wichtige Inhalte erkennen, die ansonsten in der Fülle aller Tweets untergegangen wären.

Folgen Sie der öffentlichen Liste einer anderen Person, können Sie diese anklicken und die Neuigkeiten dieser Listenmitglieder lesen.

Autoren-Hashtags

Hashtags sind dazu da, auf einen Blick schnell das Thema eines Tweets zu erkennen bzw. darüber seine Meinung oder Thema kund zu tun. Über Hashtags können auch Gewinnspiele ausgelost werden, da alle Tweets mit dem gleichen Hashtag gebündelt werden und unter allen Teilnehmern die Gewinner ausgewählt werden können.

User nutzen sowohl deutsche als auch englische Hashtags. Bestimmte Events, wie beispielsweise die Buchmessen, verwenden ihre eigenen Hashtags (z. B. #fbm16). Aber auch bei Social Media Kampagnen werden häufig eigene Hashtags verwendet. Buchblogger haben ebenfalls häufig eigene Hashtags, beispielsweise um ihren Lesechallenges oder Blogger-Aktionen einen Namen zu geben. Darüber erkennen andere Blogger sofort, dass dieser Tweet Teil z. B. einer Lesechallenge ist und kann unter besagtem Hashtag alle Beiträge zur Aktion finden.

Hier ein paar typische Twitter-Hashtags für Autoren:
#krimilesen
#buchtipp
#kindle

#ebook
#thriller
#autoren
#schreiben
#buchtage
#buecher
#selfpublishing
#bestseller
#bookupDE

Zeit zu twittern

Die richtige Zeit zu twittern ist 24 Stunden am Tag, 7 Tage die Woche. Twitter hat kein Feierabend. Es genügt nicht, Montag-Freitag von 9-16 Uhr zu twittern. Der Gros der User loggt sich nach der Arbeit ein, am Abend und am Wochenende. Auch Urlaub gilt in der Regel nicht. Wer also diese Marketing-Plattform für sich nutzen möchte, muss auch die Zeit zu twittern mitbringen. Twitter lebt neben Qualität auch von Quantität. Ein einzelner Tweet am Tag geht unter. Sie sollten nicht immerzu das Gleiche twittern und immer die gleichen Bilder verwenden. Sie können dennoch eine Aktion auch mehrmals twittern, finden Sie dann aber am besten eine andere Formulierung oder einen anderen Aufhänger.

Ein paar Twitter-Kniffe

- Integrieren Sie das Plugin „Click to tweet" in Ihre Blog-Beiträge auf WordPress: Wichtige Botschaften und Statements können Sie so via „Click to tweet" zur weiteren Verbreitung auf Twitter anbieten. Der User hat so die Möglichkeit, wichtige Aussagen schnell auf seinem Profil zu tweeten.

- Hashtags machen Twitter aus – aber zu viele stören die Lesbarkeit des Tweets wesentlich. Ein bis zwei Hashtags pro Tweet genügen.
- Auch Twitter braucht Entertainment: Kreieren Sie Twitter-Aktionen für Ihre Leser mit emotionalen Inhalten und einem außergewöhnlichen Hashtag.
- Nutzen Sie für Ihre eigene Marke einen eigenen Hashtag und zwar konsequent. Als Beispiel: Die Bestsellerautorin Virginia Fox veröffentlichte die Taschenbücher Ihrer Rocky Mountain Serie neu über einen Verlag. Die Leser waren bisher den Kauf der Bücher auf Amazon gewohnt und sollten nun auf die Möglichkeit, diese auch im Buchhandel zu kaufen, aufmerksam gemacht werden. Über eine Buchhandelschallenge ist uns eben dies gelungen. Hier sollten die Leser ihre Beiträge mit dem Hashtag #buchhandelschallenge versehen.
- Stylen Sie Ihr Twitter-Profil in Ihrem Corporate Design.
- Bieten Sie Materialien zum Download oder zur kostenlosen Teilnahme an Aktionen an (Freebies, Webinare …)

Twitter-Ads

Nach Facebook bietet nun auch Twitter seit Kurzem Werbeanzeigen an. Die Einstellungen erfolgen ähnlich denen von Facebook.
- Die Bezahlung erfolgt lediglich per Kreditkarte, bei Facebook sind auch andere Zahlungsmethoden (z. B. PayPal) möglich. Klicken Sie dazu im Twitter Analytics Tool oben rechts auf Ihren Namen und anschließend auf „Kreditkarten-Zahlung einrichten".
- Klicken Sie anschließend auf „Neue Kampagne erstellen". Sie können auswählen, ob Sie eine Anzeige für mehr „Follower", „Websiteklicks oder Conversions" (Anzeige mit Link zum Blog, Landingpage oder Website), „Tweet-Interaktionen"

(Anzeigen Ihrer Inhalte einer festgelegten Zielgruppe), „App-Installationen" oder „Leads on Twitter" (hilft zum Sammeln von E-Mail-Adressen von Usern, die sich für Ihr Produktportfolio interessieren könnten und die Sie anschließend via E-Mail-Marketingkampagnen erreichen können) erstellen möchten. Wählen Sie „Websiteklicks": Geben Sie Ihrer Kampagne einen Namen.

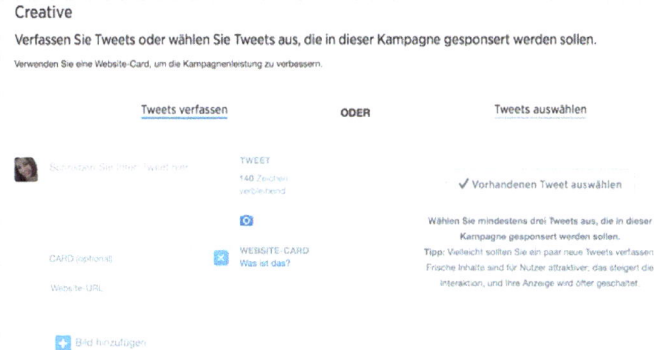

- Wählen Sie die Laufzeit Ihrer Anzeige.
- Verfassen Sie anschließend Ihren Werbe-Tweet oder Sie verwenden einen bereits bestehenden Tweet.

Lead-Kampagnen auf Twitter

In diesen Arten von Kampagnen werden Ihre Tweets einer gezielten Nutzergruppe gezeigt und enthalten eine Lead Generation Card.

Lead Generation Cards bestehen aus einem Bild und einem Angebot; Name und E-Mail-Adresse des Nutzers sind bereits eingetragen. Mit nur einem Klick kann der Leser Ihnen so seinen Namen und seine E-Mail-Adresse zusenden, um z. B. über ein Produkt informiert zu werden oder an einem Gewinnspiel teilzunehmen.

- Legen Sie Standorte und Geschlecht Ihrer Zielgruppe fest.
- Sie können Ihre Zielgruppe noch genauer spezifizieren, z. B. nach Schlagworten oder genau die Follower oder Menschen mit Interessen auswählen, die Sie erreichen möchten.

Wählen Sie zusätzliche Kriterien zur Zielgruppendefinition aus.
Nutzer, die in eine oder mehrere der unten aufgeführten Kategorien fallen, werden gezielt angesprochen.

+ Schlagwörter hinzufügen

+ Follower hinzufügen

+ Interessen hinzufügen

+ Maßgeschneiderte Zielgruppen hinzufügen

+ TV-Zielgruppendefinition hinzufügen

+ Verhalten hinzufügen

- Setzen Sie zum Schluss ein Budget fest (Tages- oder Laufzeitbudget).

Instagram

Im Jahr 2015 verzeichnete Instagram unglaubliche 400 Millionen aktive Nutzer monatlich[32] und ist damit sogar größer als der Kurznachrichtendienst Twitter. Laut einem Focus-Interview mit dem Instagram-Gründer Kevin Systrom werden auf der Plattform jeden Tag 2,5 Milliarden Likes vergeben und 30 Milliarden Bilder geteilt.[33]
Worauf lässt sich dieser Erfolg von Instagram zurückführen? Wer heute etwas auf sich hält – ob Prominent, Blogger oder Unternehmen –, postet regelmäßig auf Instagram. Die hohe Anzahl öffentlicher Personen, die brisante private Bilder posten, zieht die Aufmerksamkeit vor allem junger Menschen auf sich. Wir finden hier User vor, die vor allem visuell Informationen empfangen und

auch aussenden. Dass das auch für den Buchmarkt funktioniert, erkennen wir an der Vielzahl an Buchbloggern, die Bilder ihrer aktuellen Lektüre posten, und an den vielen Verlagen, die Instagram nutzen, um etwas andere Einblicke in den Verlagsalltag zu gestatten. Hashtags und die Möglichkeit, die Bilder direkt auf Twitter oder Facebook zu teilen, erhöhen die virale Verbreitung.

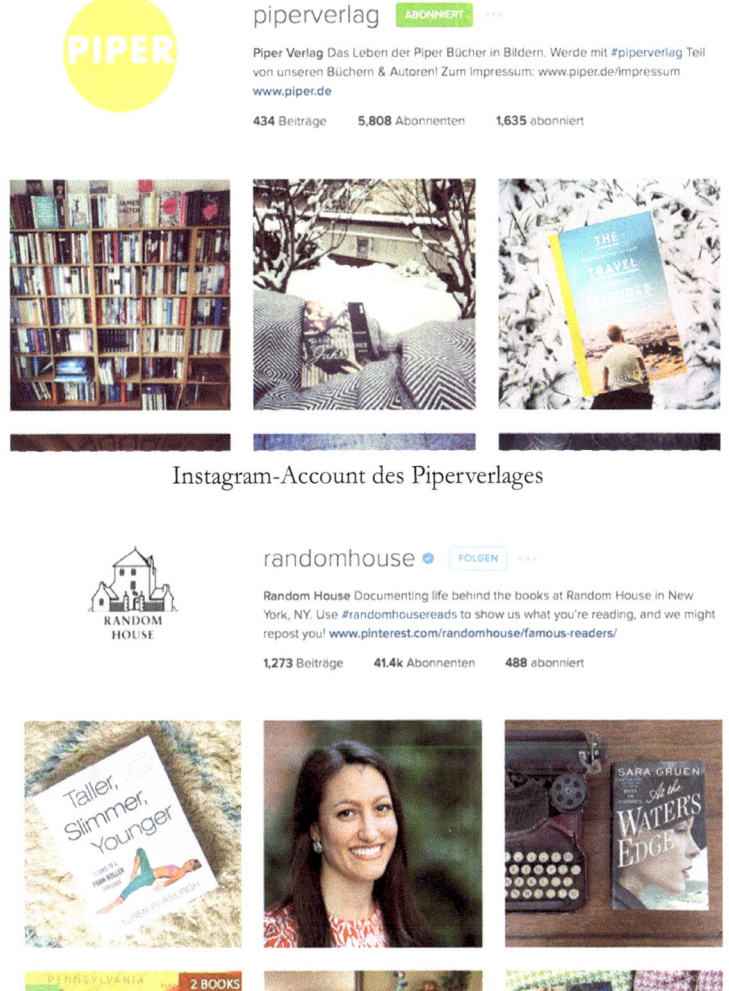

Instagram-Account des Piperverlages

Instagram-Account von Random House

Instagram ist ideal für Autoren, die Botschaften gerne visuell verbreiten, gerne fotografieren und über Bilder Einblicke in ihren Autorenalltag geben. So wie auf jeder Plattform lebt Ihr Profil aber von Vielfalt: Posten Sie deshalb nicht immer nur Ihr Buch, sondern auch Selfies von sich, den Orten, an denen Sie gerade sind, Ihrem Schreibtisch, Ihren Haustieren, von der Buchmesse oder der Lesung.

Sie können auch Gewinnspiele durchführen, beispielsweise indem Sie Ihre Leser Ihr Buch in Szene setzen lassen und sie davon ein Bild posten sollen. Oder Sie wählen Leser aus, die Sie bei der Buchmesse begleiten und Fotos schießen und posten sollen.
Das deutschsprachige Autoren-Duo B.C. Schiller[34] postet gerne Bilder von sich – im Urlaub, auf der Buchmesse, auf der Pressekonferenz oder beim Fotoshooting. Die Autorin Emma Wagner[35] nutzt Instagram, um Aktionen und Ankündigungen zu verbreiten – und um auch mal Schnappschüsse kurz nach dem Aufstehen zu posten.
Der Vorteil bei Instagram ist, dass Sie die Bilder, die Sie dort hochladen, direkt auf Facebook teilen können. Wenn Sie auf Facebook viele Bilder posten, kann das Ihre Follower auch schnell verärgern. Wenn Sie also tatsächlich gerne fotografieren und Ihre Leser so an allem teilhaben lassen wollen, ist Instagram die geeignete Plattform für Sie.

Autorentipp
Wenn Sie auf Facebook Werbeanzeigen schalten, gibt es inzwischen die Option, diese mit nur einem Klick gleichzeitig auf Instagram einzustellen. So können Sie gleich zwei Plattformen mit nur einer Werbeanzeige erreichen.

YouTube

YouTuber und Selfpublisher haben eines gemeinsam: Sie brauchen kein großes Unternehmen hinter sich, um ihre Produkte zu veröffentlichen. Mit einem Klick ist nicht nur das Buch, sondern auch das Video hochgeladen. Allerdings kann man sich auch leicht verzetteln – die Videosammlung wird wüst und ohne roten Faden. Oder der Kanal stirbt nach der Veröffentlichung des Buchtrailers und dem Begrüßungsvideo einen langsamen Tod. YouTube braucht, wie alle anderen Netzwerke, regelmäßigen Content, der zu Ihnen passt und Ihre Zielgruppe anspricht. Bevor Sie deshalb mit YouTube starten, brauchen Sie erst eine Idee, ein strategisches Konzept und einen Redaktionsplan (siehe dazu auch Kapitel „Content ist König").

Wie für jeden anderen Social-Media-Kanal gilt: Es gibt kein Schema F, das für alle gilt und das bei jedem zum Erfolg führt. Letztlich kommt es auf Ihr Buch und Ihre Positionierung an, ob und inwiefern YouTube für Sie in Frage kommt. Und es kommt auf Ihre Planung und eine konsequente Umsetzung an, ob Sie damit Erfolg haben. YouTube ist dennoch eine große Chance für Autoren, die Spaß daran haben, sich vor der Kamera zu zeigen. Gerade weil es in Deutschland noch nicht so weit verbreitet ist, aber Video-Streaming besonders unter jungen Menschen als Informations- und Unterhaltungskanal akzeptiert ist, kann YouTube Ihrem Bucherfolg einen guten Push geben.

Wenn Sie sich für YouTube entscheiden, sollten Sie sich klar darüber sein, dass Sie immer authentisch sein müssen. Unpassende, unpersönliche Videos sind genauso schädlich, wie langweilige Posts auf Facebook. YouTube ist kein Werbekanal. YouTube ist ein Kanal, um Ihre Persönlichkeit hervorzuheben und außergewöhnliche Einblicke in Ihr Autorenleben zuzulassen. Das macht den Erfolg von YouTube aus: Ein Video greift Ihre

Sprache, Ihren Ausdruck, Mimik und Tonlage auf und sorgt dafür, dass sich User dem YouTuber ganz nah fühlen, sich mit ihm identifizieren und Vertrauen aufbauen.

Video-Content: Fast alles ist möglich

Vielen Autoren fehlen Ideen, was sie auf YouTube machen können. Je nach Genre können Sie YouTube dazu nutzen, um Ihr Buch vorzustellen, z. B. in Form von Live-Lesungen, einer Buchvorstellung oder Videos zur Buchveröffentlichung, die Hintergrundinformationen zur Entstehung des Buches geben. Sie können Fragen Ihrer Leser im Video beantworten oder in Zeiten einer Krise YouTube als Kanal nutzen, um Kritik anzusprechen und Antworten zu geben.

Als Autor von Regionalkrimis können Sie Ihre Leser mitnehmen zu den Originalschauplätzen oder zeigen zentrale Elemente Ihrer Krimis vor Ort. Nutzen Sie als Sachbuchautor YouTube, um Menschen über Ihr Thema zu informieren. Drehen Sie Videos zu allen möglichen Fragen rund um Ihre Expertise, greifen Sie aktuelle Themen auf, oder erklären Sie Elemente aus Ihrem Business (z. B. spezielle Methoden, Tipps oder Ansätze).

Sie können auch private Einblicke in Ihr Leben zulassen. Zeigen Sie Orte, an denen Sie schreiben und leben, oder teilen Sie Gedanken, Sorgen und Pläne, die mit Ihrem Autorenalltag zu tun haben.

Wenn Sie nun eine Idee haben, über was Sie sprechen möchten, müssen Sie das Konzept genauer ausarbeiten. Geben Sie Ihrer Idee oder Video-Reihe einen prägnanten, knackigen Namen. Verfassen Sie eine knackige Beschreibung, die den Leser auf das Video neugierig macht, und nutzen Sie Schlüsselwörter, über die das Video gefunden werden kann.

Vermeiden Sie Videos mit verwirrenden Inhalten, die von Ihnen und Ihren Themen weit weg sind. Leser können sonst nicht erfassen, wer Sie sind und was Sie davon haben, wenn Sie Ihnen folgen.

Es muss klar sein, welches Thema Sie besetzen, und der Leser muss einen Mehrwert für sich ausmachen.

Anleitung: Ein Video auf YouTube hochladen

Melden Sie sich mit Ihrem Google-Account bei YouTube an: http://www.youtube.de
Klicken Sie links auf „Mein Kanal" und „Kanal erstellen". Sie erstellen nun einen Kanal, der mit dem Namen Ihres Google-Kontos übereinstimmt. Möchten Sie einen Kanal mit einem anderen Namen erstellen, gehen Sie auf „Alle meine Kanäle" und erstellen Sie einen neuen Kanal. Benennen Sie den Kanal und weisen ihm eine Kategorie zu.

Richten Sie Ihren Kanal ein: Laden Sie ein Kanal- und Profilbild hoch. Die Auflösung des Kanal-Banners sollte 2.560x1.440 Pixel haben. Das ist aktuell die höchste Auflösung, die YouTube unterstützt.

Jetzt können Sie Ihr erstes Video hochladen. Klicken Sie dazu oben rechts auf der Seite auf die Schaltfläche „Hochladen".
Bevor der Upload beginnt, können Sie noch die Datenschutzeinstellungen des Videos festlegen.
Wählen Sie auf Ihrem Computer die Datei aus, die Sie hochladen möchten. Sie können auch ein Video mit Ihrer Webcam aufnehmen.

Dateien für Upload auswählen
Oder Videodateien ziehen und ablegen

Öffentlich ▼

Während das Video hochgeladen wird, können Sie sowohl die allgemeinen Informationen, als auch die erweiterten Einstellungen des Videos bearbeiten und entscheiden, ob Sie Ihre Abonnenten benachrichtigen möchten. Wenn Sie das Häkchen aus dem Kästchen entfernen, erhalten Ihre Abonnenten keine Benachrichtigung. Prinzipiell macht diese Funktion immer Sinn, schließlich wollen Sie ja, dass Ihre Follower auch mitbekommen, dass Sie ein neues Video online gestellt haben.

Klicken Sie auf „Veröffentlichen", um den Upload-Vorgang abzuschließen. Je nachdem, ob Sie „Privat" oder „Öffentlich" wählen, können nur Sie oder alle User das Video gleich sehen. Sie können das Video auch jederzeit zu einem späteren Zeitpunkt veröffentlichen, bis Sie Ihre Einstellungen getätigt haben.

Wählen Sie nun ein Thumbnail für Ihr Video aus – das sind die kleinen Vorschaubilder, die als erstes angezeigt werden und auf Ihr Video neugierig machen sollen. Wählen Sie daher ein nettes Bild von sich aus oder erstellen Sie ein Intro-Bild, das auf all Ihren Videos gleich ist.

Sie haben die Möglichkeit, am Ende des Videos auf andere Videos oder Ihre Website aufmerksam zu machen und User dorthin weiterzuleiten. Dies können Sie über die so genannte „Infokarte" einstellen. Gehen Sie dazu in den Video-Manager und klicken Sie neben dem Video auf den kleinen Pfeil. Dort können Sie den Button „Infokarten" auswählen.
Klicken Sie anschließend an die Stelle im Video, an der die Infokarte erscheinen soll, und dann auf „Karte hinzufügen". Hier wählen Sie „Video" (wenn Sie auf ein anderes Video verweisen möchten), „Kanal" (wenn Sie auf einen anderen Kanal verweisen möchten) oder „Website" (wenn Sie auf Ihre Website verlinken möchten) aus. Um Ihre Autoren-Website hinzuzufügen,

müssen Sie Ihre Website mit Google verbinden. Folgen Sie dazu den Anweisungen von Google.

Teilen Sie nun Ihr fertiges Video mit Ihren Lesern: Rechts oben sehen Sie den „Share-Button" mit dem direkten Link zum Video. Diesen Link können Sie kopieren und zum Beispiel in Facebook in einem neuen Post auf Ihrer Facebook-Seite, oder als Tweet auf Twitter, einfügen.

Trailer der Agentur mainwunder

Möchten Sie das Video auf Ihrer Website einbinden, benötigen Sie einen HTML-Code. Diesen finden Sie direkt unter dem Video unter dem Reiter „Einbetten". Kopieren Sie den Code und fügen Sie ihn auf Ihrer Website im Backend an die Stelle ein, an der Sie das Video angezeigt haben möchten.

Gewinnspiele und Verlosungen in den sozialen Netzwerken

Gewinnspiele machen nicht nur Ihren Lesern Spaß, sondern haben für Sie ebenfalls Vorteile – denn sie sind eine gute Gelegenheit, Ihre Leser besser kennenzulernen, etwas von ihnen zu erfahren und ihnen eine Freude zu machen. Folgende Inhalte sollte Ihr Gewinnspiel enthalten:

Dauer: Wenn Ihre Fan-Base noch nicht so groß ist, brauchen Sie umso mehr Zeit für das Promoten des Gewinnspiels. Die Dauer eines Gewinnspiels selbst sollte generell nicht zu kurz sein, aber auch nicht zu lang, da die Teilnehmer dieses sonst nicht länger verfolgen. Bei der Dauer kommt es darauf an, ob Sie eben mal etwas Kleines wie ein signiertes Taschenbuch verlosen, oder ein Gewinnspiel veranstalten, das auf ein bestimmtes Datum hin abzielt (zum Beispiel die Buchveröffentlichung oder die Buchmesse). Bei Letzterem können Sie dieses über mehrere Tage laufen lassen, sollten es jedoch täglich moderieren beziehungsweise neue Infos reingeben (beispielsweise indem Sie jeden Tag ein neues Lösungswort nennen oder Leser über mehrere Tage Ihr Buch posten können – dann benötigen Sie dafür mehr Zeit), Beachten Sie, dass nur ein Bruchteil Ihrer Follower Ihre Benachrichtigungen in den Social-Media-Kanälen sieht – bewerben Sie Ihr Gewinnspiel daher auch auf Ihrer Website/Ihrem Blog und über den Newsletter.

Autorentipp

Da Facebook verhindert, dass alle Ihre Follower Ihre Beiträge sehen, hat es sich bewährt, bei wichtigen Aktionen und Gewinnspielen eine Werbeanzeige zu schalten, die nur „die eigenen Freunde und deren Freunde" als Zielgruppe definiert. So erreichen Sie, dass einerseits Ihre Follower, aber auch neue Leser auf Ihre Aktion aufmerksam werden.

Preise: Natürlich können Sie Bücher verlosen – das sollen Sie auch. Aber nicht nur, schließlich soll die Spannung oben bleiben und Sie möchten Ihre Leser ja auch motivieren, Ihr Buch zu kaufen. Individuelle Preise kommen gut an – das „Größte", was wir bisher verlost haben, war eine Reise in die Rocky Mountains, USA. Auch haben wir schon Rollen in Romanen verlost, Fan-Packages und andere liebevolle, einmalige Dinge.

Richtlinien für Gewinnspiele auf Facebook

Details zum Gewinnspiel: Halten Sie alle Details rund um das Gewinnspiel fest, verfassen Sie eventuell eine genaue Anleitung, Startzeitpunkt und Endpunkt, Alter etc.

Datenschutz: Was passiert mit den Daten der Teilnehmer? Bei einem Fotocontest ist es hinsichtlich des Copyrights der Fotos wichtig, ob die abgebildeten Personen mit der Veröffentlichung einverstanden sind und sie darüber informiert wurden.

Facebook-Haftungsausschluss: Wenn Sie ein Gewinnspiel bei Facebook veranstalten, fügen Sie den folgenden Hinweis gut sichtbar mit ein: „Facebook steht in keinem Zusammenhang mit diesem Gewinnspiel und steht als Ansprechpartner für das Gewinnspiel nicht zur Verfügung."

Zulässige Gewinnspielmaßnahmen: Häufig besteht Unklarheit darüber, was auf Facebook erlaubt ist und was nicht. Beachten Sie bitte, dass sich die Richtlinien jederzeit ändern können! Hier können Sie sich die Nutzungsbedingungen für Fanseiten (Page Guidelines) durchlesen:
https://www.facebook.com/page_guidelines.php#promotionsguidelines
Diese Richtlinien sollte jeder kennen, der eine oder mehrere Fanseiten auf Facebook betreibt. Darin enthalten sind unter Punkt E auch die Promotion-Richtlinien für Gewinnspiele, Preisausschreiben oder Verlosungen.

Nach Stand 2015 ist Folgendes zulässig:[36]

- Teilnehmer können mit einem Kommentar oder einem Like am Gewinnspiel teilnehmen (Beispiel: „Beantworten Sie Frage X und nehmen Sie mit der richtigen Antwort am Gewinnspiel teil.")
- Teilnehmer können durch eine private Nachricht am Gewinnspiel teilnehmen.
- Früher durfte der Like-Button nicht für Gewinnspiele verwendet werden. Das wurde nun geändert. Sie dürfen den Like-Button als Gewinnspiel-Maßnahme einsetzen („Like und gewinnen") oder mit „Likes" über ein Voting abstimmen.

Unzulässige Gewinnspielmaßnahmen:

- Sie dürfen persönliche Chroniken und Freundschaftsverbindungen nicht für die Verbreitung von Werbung nutzen. (Beispiele: Aufforderungen wie „Teile diesen Beitrag in deiner Chronik, um teilzunehmen" oder „Erhöhe deine Gewinn-

chancen durch Teilen in der Chronik deiner Freunde" und „Markiere deine Freunde in diesem Beitrag, um teilzunehmen" sind nicht erlaubt.)
- Sie dürfen das Teilen des Beitrags nicht zur Teilnahmevoraussetzung machen.

Bei besonderen Aktionen wie einem Photocontest oder eine Abstimmung kann es sinnvoll sein, das Gewinnspiel auf einen Tab auszulagern. Würden mehrere hundert User Bilder auf Ihre Pinnwand hochladen, hätten Sie weder einen Überblick, noch wären die anderen Follower, die nicht mitmachen, begeistert über die Bilderflut. Sie können ein Gewinnspiel über eine App in Ihre Facebook-Seite als auch über ein Plugin in Ihre WordPress-Seite einbinden.

Plugins

Hier finden Sie einige tolle Plugins oder Apps, die ich Ihnen empfehlen kann:

Tools zum Auslosen:
Für Gewinnauslosungen allgemein:
http://tools.superanton.de/gewinnspiel-ausloser.html
Für Twitter:
http://giveawaytool.com
Für Facebook:
http://www.fanpagekarma.com/facebook-promotion
Umfragen
Wird über einen Link direkt auf Facebook geteilt:
http://www.typeform.com
Für Facebook:
https://apps.facebook.com/meine-umfragen/

Buchquiz
Tool für WordPress:
https://wordpress.org/plugins/wp-pro-quiz/screenshots/

Photocontest
Tool für WordPress:
http://wp-vote.net
Apps für Facebook:
https://woobox.com/photocontests
https://www.facebook.com/PhotoContestApp

Giveaway Gewinnspiel
App für Facebook:
https://www.facebook.com/ezgive

Fan of the Week:
Facebook App:
https://apps.facebook.com/fanofthe/

Bookshaka (aktive Fans hervorheben):
Facebook App:
https://www.booshaka.com

Weitere Apps für Facebook finden Sie auf:
http://www.socialmediaexaminer.com/top-10-facebook-apps-for-building-custom-pages-tabs/
Apps für besondere Anlässe finden Sie auch auf:
https://www.app-arena.com/a-z.html

Richtlinien für Gewinnspiele auf Twitter und Instagram

Auf Twitter und Instagram werden Gewinnspiele bisher nicht eingeschränkt. Sie können also Gewinnspiele durchführen bei denen

- User ein Bild mit einem Hashtag posten, um teilzunehmen (**Enter to Win**)
- User ein Bild liken, um teilzunehmen (**Like to Win**)
- User dem Account folgen, um teilzunehmen (**Follow to Win**).

Fügen Sie unbedingt Teilnahmebedingungen ein. Diese sollten folgende Punkte beinhalten:

- Teilnahmeberechtigung: Wer darf mitmachen?
- Zulässige Teilnahmehandlungen: Was müssen die Teilnehmer tun?
- Laufzeit des Gewinnspiels (Beginn und Ende)
- Ermittlung der Gewinner: Wie wird ausgelost?
- Benachrichtigung der Gewinner: Über E-Mail oder per Tweet?
- Haftung & Gewährleistung: „Das Gewinnspiel steht in keiner Verbindung mit Twitter/Instagram und wird von Twitter/Instagram in keiner Weise gesponsert, unterstützt oder organisiert."
- Datenschutz (Was passiert mit den Daten der Teilnehmer?
- Rechte zur Nutzung der Gewinnerbilder und deren Nennung bei Namen.

Sie können die Bedingungen genauso wie das Impressum auf Ihrer Website ablegen und dorthin verlinken.[37]

Zusammenfassung

Social Media ist die Basis jeden Buchmarketings. Nicht nur deshalb, weil Sie über die sozialen Netzwerke Ihre Zielgruppe finden und direkt ansprechen können, sondern auch, weil Sie auf diesem Wege leicht und schnell Beziehungen zu Ihren Lesern aufbauen und Neuigkeiten zu Offline-Aktivitäten wie Lese-Termine, Messe-Aktionen und Meet&Greets promoten können. Social Media bietet Ihnen die komplette Spielwiese an Möglichkeiten.

Social Media heißt nicht, dass Sie in allen Netzwerken präsent sein müssen. Im Gegenteil: Häufig besteht die Gefahr, sich zu verzetteln und mit zu vielen Plattformen das Wesentliche aus den Augen zu verlieren.

Mit Hilfe Ihrer Positionierung und Ihrer Stärken finden Sie schnell heraus, welche Social-Media-Plattformen die richtigen für Sie sind. Bleibt der Erfolg aus, kann das verschiedene Ursachen haben:

1. Sie haben kein stringentes Konzept für Ihren Social-Media-Auftritt.
2. Sie produzieren nicht konsequent neuen, spannenden Content.
3. Sie haben Ihre Zielgruppe noch nicht gefunden, oder sie hält sich auf der gewählten Plattform gar nicht auf.
4. Ihnen fehlen Ideen, um Ihre Zielgruppe zu aktivieren.
5. Sie sind nicht authentisch.

Auch wenn Ihr Social Media Marketing noch nicht die gewünschten Ergebnisse bringt – bleiben Sie dran und merzen Sie Unklarheiten in der Kommunikation aus. Die sozialen Netzwerke sind dynamisch und verändern sich ständig – so können auch Sie Ihre Kommunikation immer wieder anpassen.

Gerade als Autor können Sie über die sozialen Netzwerke an Ihre Leser andocken, sich eine starke Fan-Base aufbauen und so für beständige Verkaufszahlen sorgen.

Buch- und Leseplattformen

Warum sollten Sie als Autor auf Lese- und Buchplattformen präsent sein? Und worin liegt hierbei genau der Unterschied? Nun, sowohl auf Leseplattformen als auch auf Buchplattformen finden Sie viele neugierige Lesehungrige, die auf der Suche nach neuer Lektüre sind. Auf Leseplattformen finden Sie echte Leseratten, die es gewohnt sind, Bücher zu lesen und zu rezensieren – und Sie brauchen Rezensionen, um Ihr Buch bekannt zu machen. Neben der klassischen Leserunde, in der Sie gemeinsam mit Lesern Ihr Buch lesen, können Sie auf Leseplattformen Erstleser für Ihr Buch suchen, Bücher verlosen, Buchaktionen ankündigen und Gruppen zu einem Thema erstellen. Neben solch aktiven Elementen können Sie zusätzlich Werbung buchen wie Buchtipps, Anzeigen u. a. – diese wird derzeit noch von großen Verlagen dominiert, da die Platzierung recht kostspielig ist, aber für eine Neuveröffentlichung kann es sich lohnen, auch einmal mehr Geld in die Hand zu nehmen.

Die größte, internationale Leseplattform ist Goodreads. Mit 25 Millionen Usern, 29 Millionen Rezensionen[38] hat sie sich in Deutschland jedoch noch nicht ganz durchgesetzt. Mit 1,2 Millionen Usern ist die deutsche Plattform „LovelyBooks" deutlich kleiner – dafür sind hier 5.000 deutschsprachige Autoren und über 300 Verlage präsent[39]. Weitere interessante Leseplattformen sind „Leserunden.de", „wasliestdu.de", „Literaturschock.de".

Im Gegensatz zu den klassischen Leseplattformen gibt es unzählige Buchplattformen, die sich zum Beispiel einem Genre widmen, wie die „Schnulze-der-woche.de" oder die „Krimi-Couch.de" oder klassische Literaturforen wie die „Büchereule.de". Viele dieser Plattformen geben Ihnen die Möglichkeit

Ihr Buch zu bewerben. So können Sie Rabattaktionen bei „buchdeals.de" ankündigen, Ihr Buch interessierten Lesern bei „rezi-suche.de" für Rezensionen anbieten, Ihr Buch Lesern von der Bücherseite „Mybook.de" empfehlen lassen, oder Bloggerportale wie „bloggdeinbuch.de" nutzen. Was wie für welches Buch funktioniert, kommt auf Ihr Genre und Ihre Zielgruppe an und darauf, was Sie erreichen möchten.

Wer etwas Außergewöhnliches machen möchte, dem empfehlen wir die Plattform „zehnseiten.de" – hier werden qualitativ einzigartige s/w-Videos gedreht, in denen die Autoren aus ihrem Buch vorlesen. Zusätzlich zur Plattform werden die Lese-Videos auf dem Internetauftritt der Zeitung „DIE ZEIT" und auf Leseplattformen verbreitet. Oder buchen Sie „Schnulze TV", ein neues Angebot für Live-Lesungen auf Facebook von der Buchplattform „Schnulze-der-Woche.de".

Auch interessant: Die Plattform „vorablesen.de" bietet Lesern und Bloggern die Möglichkeit, Neuerscheinungen druckfrisch zu lesen. Hier werden nur Neuveröffentlichungen aufgenommen. Bereits veröffentlichte Bücher finden hier keine Berücksichtigung (selbst wenn sie erst vor einigen Wochen publiziert wurden).

Seien Sie sich jedoch klar darüber, dass Sie in Foren, auf Lese- und Buchplattformen als Autor nicht nur fordern, sondern auch etwas geben müssen. Das heißt: Investieren Sie Zeit für den Austausch mit Lesern und posten Sie nicht einfach Ihr Buch und gehen dann wieder. Bieten Sie Lesern und Bloggern immer etwas an, sie sind auf diesen Plattformen, um gemeinsam mit Ihnen und anderen Lesern einmalige Lesemomente zu teilen. Dafür bietet die Buchwelt unzählige spannende Plattformen, die Sie für Ihr Marketing nutzen können und sollten.

Anleitung für eine Leserunde bei LovelyBooks

Eine Leserunde hat immer den gleichen Ablauf: Sie stellen die Leserunde auf der Plattform ein, die Leser haben über einen festgelegten Zeitraum die Möglichkeit, sich für ein Rezensionsexemplar zu bewerben und am Ende der Frist losen Sie die Gewinner aus. Dann erhalten Sie die Adressen, verschicken die Bücher und schon kann das gemeinsame Lesen losgehen.

1. Gehen Sie auf der Startseite von LovelyBooks auf den Reiter „Meine Themen" und klicken Sie „Neues Thema erstellen".
2. Hier können Sie verschiedene Themen einstellen, unter anderem eine „Leserunde". Wählen Sie diese aus.

Welche Art von Beitrag möchtest du gerne verfassen?

Thema   Leserunde   Buchverlosung   Rezension

3. Wählen Sie nun den Titel des Buches aus, für das Sie die Leserunde eröffnen möchten.
4. Es öffnet sich ein Editor, in dem Sie alle Informationen zur Leserunde eintragen können: Bis wann kann man sich für die Rezensionsexemplare bewerben? Wie viele Bücher verlosen Sie? Empfehlenswert sind 10 oder 20 Bücher, von denen mindestens ein Teil Taschenbücher sein sollten.

Leserunde am Beispiel von „Frau Kain regt sich auf"
von Autorin Kathrin Schröder

5. Ich handhabe es in der Regel so, dass ich es den Lesern überlasse, ob Sie ein E-Book oder ein Taschenbuch haben möchten. Sie bewerben sich dann bereits mit dem Wunsch-Format.
6. Kreieren Sie die Struktur der Leserunde. Neben einem Thread, in dem sich Leser dafür bewerben, an Ihrer Leserunde teilzunehmen, empfiehlt sich ein Thread für Ihr „Cover", die jeweiligen „Kapitel" (wenn es zu viele sind, fassen Sie mehrere Kapitel in einem Thread zusammen), ein Thread für das „Fazit" und eines für die fertigen „Rezensionen". Das kann dann so aussehen:

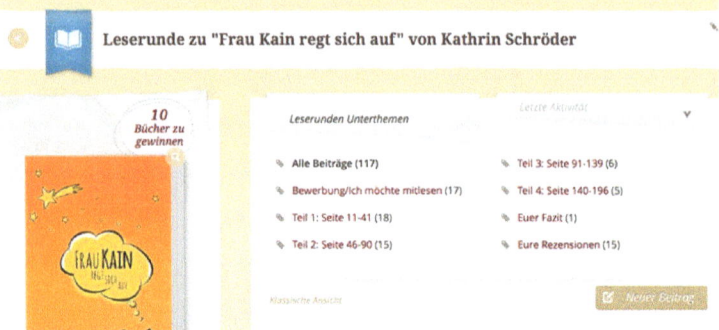

7. In der Beschreibung können Sie nähere Informationen zur Leserunde unterbringen: Worum geht es im Buch, Link zu Amazon oder anderen Shops, wie viele Taschenbücher oder E-Books stellen Sie zur Verfügung und was wünschen Sie sich von den teilnehmenden Lesern? Dass man als Teilnehmer einer Leserunde am Ende eine Rezension schreiben sollte, ist unter LovelyBooks-Nutzern bekannt. Sie können es dennoch noch einmal erwähnen.

8. Haben Sie nun die Leserunde eingestellt, beginnt die Bewerbungsphase. Leser können sich nun in dem von Ihnen vorgegebenen Zeitraum für die Leserunde und damit für ein kostenloses Rezensionsexemplar bewerben. Am Ende des Zeitraums ermitteln Sie die Gewinner der Bücher und versenden sie. Dann kann das gemeinsame Lesen starten.

9. Begleiten Sie die Leserunde in den sozialen Netzwerken: Antworten Sie schnell, damit kein langer Leerlauf entsteht. Ziehen Sie für sich wichtige Zitate heraus, die Sie Ihren anderen Lesern in den sozialen Netzwerken mitteilen möchten. Und verlinken Sie die Auszüge stets mit der Leserunde.

10. Tipp: Während des Lesens sollten Sie a) die Benachrichtigungsfunktion bei LovelyBooks aktiviert haben, damit Sie bei neuen Kommentaren sofort informiert werden, und b) jeden Tag am besten zweimal hineinschauen. Niemand wartet gerne einen ganzen Tag auf eine Reaktion auf seine Frage oder seinen Kommentar.

11. Die Leserunde endet dann, wenn alle Rezensionen geschrieben sind. Es wird Ihnen passieren, dass hier und da ein Leser keine Rezension schreibt. Schreiben Sie ihn dann direkt an und fragen Sie ihn, wo er aktuell steht und wann Sie mit einer Rezension rechnen dürfen. Sie haben keinen Anspruch auf eine Rezension! Mit Plattformen wie „vorablesen" oder „Blogg dein Buch" haben Sie deshalb einen Vorteil, denn hier müssen die Leser und Blogger in einem festen Zeitraum die Rezension schreiben – vorher gibt es nämlich keine neuen Rezensionsexemplare.

Anleitung für eine Leserunde bei Goodreads

Goodreads ist, anders als die deutsche Leseplattform LovelyBooks, eine internationale Leseplattform. Sie ist größer und damit komplexer als LovelyBooks, weshalb es viele Autoren abschreckt, dort Leserunden zu veranstalten. Wenn Sie aber nach einer alternativen Leseplattform zu LovelyBooks suchen, die ebenfalls eine hohe Mitgliederzahl aufweist, sind Sie bei Goodreads an der richtigen Adresse.

1. Klicken Sie auf Goodreads den Ordner „Was wollen wir lesen?"[40] an.
2. Eröffnen Sie dort ein Thema mit einem Titel in folgender Struktur: „Nachname des Autors, Vorname des Autors: Titel des Buches".
3. Verfassen Sie einen ersten Kommentar, in dem Sie eine Teilnehmerliste eröffnen. Wer teilnehmen will, postet das in diesem Thema als Folgekommentar, und Sie fügen die jeweiligen Namen der Teilnehmerliste in Ihrem Ursprungskommentar zu.

4. Stellen Sie Ihr Buch danach in die „Bibliothek" der Gruppe – hier wird anschließend zusammen gelesen!⁴¹

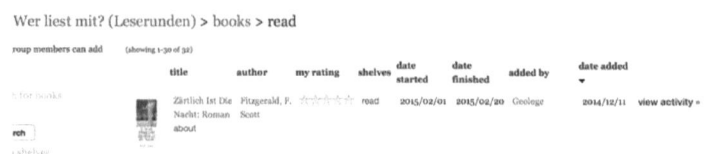

Beispiel F. Scott Fitzgerald: Zärtlich ist die Nacht

5. Setzen Sie die Zahl der Rezensionsexemplare fest (E-Book und/oder Taschenbuch) und kommunizieren Sie diese. Sobald Sie genügend Leser zusammenhaben, versenden Sie die Rezensionsexemplare an die beteiligten Leser. Erstellen Sie in Ihrer Gruppe (in der Bibliothek) verschiedene Unterpunkte, jeweils für Abschnitte oder Kapitel Ihres Buches. Wenn Sie möchten, können Sie auch einen Unterpunkt zu Cover und Titel öffnen – so erfahren Sie, ob beides gut ankommt.

Neben Leserunden finden Sie auf Goodreads zahlreiche Gruppen, z. B. für Buchblogger, Indie-Autoren oder für Leser aus einer bestimmten Stadt. Sie finden hier zum Beispiel Gruppen für Lese-Marathons oder Lesenächte.

Je mehr Sie sich hier beteiligen, desto größer wird auch insgesamt Ihre Sichtbarkeit bei den Lesern.

Beispiel einer Leserunden-Gruppe zu „Zärtlich ist die Nacht"
von F. Scott Fitzgerald

Zusammenfassung

Lese- und Buchplattformen als Marketingkanal sind vielen Autoren noch nicht so geläufig. Vielleicht haben Sie sich noch nicht herangetraut, an die großen Foren und abertausenden Leser, die dort aktiv sind. Dabei tummeln sich jedoch genau die Leser, die viel lesen und ihre Eindrücke als Rezension oder Empfehlung niederschreiben. Das sind Ihre Multiplikatoren, die es gilt, auf Ihre Bücher aufmerksam zu machen. Über Leserunden, Buchverlosungen oder Live-Lesungen können Sie hier eine große Zahl an neuen Lesern erreichen.

Blogger-Relations für Autoren

Blogger sind die neuen Multiplikatoren und sorgen dafür, dass Ihr Buch besprochen, weiterempfohlen und gekauft wird. Wenn Sie erfolgreich sein wollen, müssen Sie Blogger auf sich aufmerksam machen. In Deutschland gibt es eine kaum zählbare Menge an Buch-Blogs. Größere, kleinere – und alle haben sie ihre eigenen Lieblingsgenres. Damit Sie die richtigen Blogger ansprechen, müssen Sie wissen, was diese gerne lesen, was sie mögen, wie viel Reichweite sie haben und ob sie gerne an Aktionen teilnehmen. Schauen Sie sich auf den Blogs um – dort finden Sie alle Informationen, die Sie brauchen. Lesen die Blogger überhaupt E-Books oder nur Taschenbücher? Lesen sie Bücher von Indie-Autoren oder nur von Verlagsautoren? Nehmen sie aktuell Rezensionsexemplare an und an welchen Aktionen nehmen sie teil?

Buch-Blogger online und offline

Treffpunkt vieler Blogger sind die Bloggertreffen bei Buchmessen, Conventions, in Verlagen, bei Lesungen usw. Eine Vielzahl von Veranstaltungen findet das Jahr über verteilt statt. An diesen Tagen gibt es immer das Wiedersehen der „großen Familie". Einige Blogger sind über die Jahre enge Freunde geworden, die meisten kennen sich. Manche veranstalten Buch- und Literaturabende oder Wohnzimmerlesungen. Ansonsten tauschen sie sich sehr über die Buchgruppen bei Facebook aus, bleiben über Twitter, Instagram oder Pinterest in Kontakt oder hinterlassen Kommentare auf anderen Blogs.[42]

Buch-Blogger richtig ansprechen

Respekt und Wertschätzung sind wichtig, wenn Sie mit Buch-Bloggern in Kontakt treten möchten. Respektieren Sie es, wenn sie keine E-Books oder Bücher von Indie-Autoren lesen möchten. Und beeinflussen Sie sie niemals in ihrer Buchbewertung. Wenn Sie Ihr Buch einem Blogger zum Rezensieren anbieten, müssen Sie auch damit rechnen, dass es nicht gut ankommt und sie eine schlechte Bewertung kassieren. Nehmen Sie sie an als wichtige Rückmeldung, um Ihre nächsten Bücher zu verbessern.

Wenn Sie einen Blogger ansprechen möchten, erkundigen Sie sich also vorab erst einmal über ihn, seinen Blog und seine Lesevorlieben. Das erspart Ihnen hinterher die Enttäuschung, wenn Sie eine Absage bekommen. Vermeiden Sie „plumpe" Anfragen, aus denen man herauslesen kann, dass Sie sich entweder keine Mühe geben, den Blogger gar nicht wirklich kennenlernen wollen oder sie serienmäßig vielen Bloggern den gleichen Text schicken. Bedenken Sie, dass die Blogger sich untereinander kennen und eine plumpe Anfrage schnell seine Kreise ziehen kann.

Hängen Sie niemals Ihr E-Book an die E-Mail an. Dies ist angesichts der illegalen Tauschaktivitäten einiger Leser im Internet fahrlässig (Sie möchten Ihr neues Buch ja nicht kostenlos zum Download angeboten sehen) und zum anderen vermittelt es dem Blogger den Eindruck, dass Sie Ihr Buch „verscherbeln", weil es sonst nicht unter die Leute kommt.
Höflich anfragen ist die Devise!
Verschicken Sie auch Taschenbücher nicht blind. Suchen Sie erst einmal den Kontakt zum Blogger, bevor Sie Leseexemplare versenden.

Umfangreiche Listen mit Buch-Bloggern finden Sie in Blogger-Gruppen auf Facebook:
„Buchblogger"
„BuchTuber und BuchBlogger"
„Buchblogger Blogtouren"
„Blogger Netzwerk"
„Deutschlands Blogger- ein Projekt"
„Buch-Blogger und Indie-Autoren"
„Bloggeria"
„Blog Blogger"

Und in Blog-Verzeichnissen:
http://www.lesestunden.de/toplist/ (Liste mit Ranking nach Popularität)
http://kaffeehaussitzer.de/buch-und-literaturblogs/
http://www.thoni-verlag.eu/startseite/café-mocca-lesertreff/bücher-entdecken-buchblogs-von-a-z/
http://www.bloggerei.de/rubrik_12_Literaturblogs
http://liste.blogger.de/topics/Literatur/

Blogtouren & Blogparaden

Es gibt keine schönere und effektivere Methode, sein Buch bekannter zu machen, als zusammen mit Bloggern eine Aktion zu organisieren, z. B. eine Blogtour. Diese ist zwar aufwendig und braucht einige Zeit in der Organisation, aber es lohnt sich.

Was ist eine Blogtour? Im Gegensatz zu einer Blogparade, die zeitlich und vom Umfang her offen und an ein Thema oder eine Fragestellung orientiert ist, ist eine Blogtour eine 4- bis 7-tägige Reise, auf der Ihr Buch jeden Tag Halt bei einem neuen Blog macht und die das Buch in den Vordergrund stellt. Jeder Blog erhält sein eigenes Thema, welches er in einem Beitrag bearbeitet. Wie dieses Thema aufbereitet wird, ist dem Blogger/der Bloggerin überlassen. Das kann ein normaler Textbeitrag sein, ein Interview mit dem Autor, eine Videorezension, ein Live-Chat oder eine Live-Lesung. Im Prinzip ist alles möglich – wir hatten sogar schon einmal einen von der Bloggerin gezeichneten Comic. Wir verbinden die Blogtour immer mit einem Gewinnspiel für die einzelnen Blogs oder für alle zusammen, um Leser zu „aktivieren" und ihnen Freude am Beitrag zu bereiten. Die Tour wird vorab auf den Social-Media-Kanälen beworben und während der Tour engmaschig begleitet.

Und wozu das Ganze? Nun, neben den Rezensionen, die so entstehen, erhält Ihr Buch in der Zeit der Blogtour eine besondere Aufmerksamkeit und Sichtbarkeit. Zudem haben Sie Material, um Ihre eigenen Kanäle zu füttern und Ihren Lesern neue Unterhaltung zu bieten.

Ziel der Blogtour ist das Vorstellen des Autors/der Autorin und des neuen Buches. Auch werden dadurch neue Rezensionen gewonnen und – natürlich – neue Leser.
Damit die Tour ein Erfolg wird, müssen Blogger gefunden werden, die Lust haben mitzumachen und vor allem neugierig auf Ihr Buch sind. Eine negative oder mittelmäßige Bewertung kann den Erfolg Ihrer Blogtour zunichtemachte. Deshalb ist eine sorgfältige Auswahl der beteiligten Blogs wichtig. Jeder Blogger hat Vorlieben für ein oder mehrere Genre und liest am liebsten eine bestimmte Sorte Bücher. In der Regel merken Sie sehr schnell, ob die Person wirklich Lust hat und neugierig ist. Manche Blogger haben auch noch nie eine Blogtour mitgemacht – nehmen Sie ihnen die Angst, sie könnten etwas falsch machen. Geben Sie ihnen stets das Gefühl, dass Sie ihr Partner sind, sie unterstützen und alles genau durchdacht haben. Bieten Sie ihnen

etwas als Gegenleistung für ihre Teilnahme: Wir kreieren immer schöne Banner, die die Blogs in den Beitrag, ihre Sidebar oder auf Facebook einbinden können.

Beispiel: Live-Chat Banner für die Blogtour zu „Rocky Mountain Star" von Virginia Fox

Blogparaden sind vor allem für Autoren von Ratgebern und Sachbüchern interessant. Entweder ruft ein Blogger ein Thema aus oder Sie Sie rufen, z. B. auf Ihrem eigenen Blog, ein Blogparaden-Thema aus und motivieren andere Blogger, ebenfalls Beiträge zu diesem Thema zu schreiben. Das kann direkt an das Thema Ihres Buches angelehnt sein. Meist sind Blogparaden offen, d. h. sie unterliegen keiner Moderation, keiner Planung und demnach aber auch keinen geleiteten, sicheren Ergebnissen. Wenn Sie eine solche Blogparade ausrufen möchten, empfehle ich Ihnen, dass Sie die Organisation in die Hand nehmen und die Parade über die ganze Zeit hinweg begleiten. Unsere größte Blogparade fand über einen Zeitraum von 8 Wochen mit über 80 Bloggern statt, die mit dem Buch aktiv gearbeitet und anschließend einen Blogartikel darüber geschrieben haben. Das Buch – ein Life&Work-Book zum Selbstcoaching – war am Ende der Blogparade ausverkauft. Sie sehen, eine Blogparade solch einen Umfanges bedarf guter Planung, Begleitung und ständiger Kommunikation mit den Bloggern. Aber es lohnt sich, denn Sie erreichen damit eine Verbreitung der Extraklasse.

Zusammenfassung

Binden Sie bei Ihrer Buchvermarktung immer Blogger mit ein. Es gibt unzählige Möglichkeiten, mit ihnen in Kontakt zu treten – die effektivste ist die, eine Aktion wie eine Blogparade oder eine Blogtour zu organisieren und Blogger gezielt dafür anzufragen. Auch Blogger sind für ihre Blogs immer auf der Suche nach spannendem Content, der anders ist und ihre eigenen Leser unterhält. Artikel und Beiträge sind gut und schön, aber Texte sind immer noch geduldig. Aktionen helfen, eine höhere Aktivität mit Ihrem Buch zu verknüpfen und die Blog-Leser zum Diskutieren und Teilen des Beitrags zu animieren. Denken Sie immer daran: Je mehr über Ihr Buch gesprochen wird, desto besser. Aktuell sind Blogtouren immer mehr im Kommen. Was aber auch dazu führen wird, dass Leser sich daran gewöhnen und eine Blogtour nichts Besonderes mehr ist. Ich verändere die Inhalte und die Art einer Aktion immer wieder und stimme sie auf das jeweilige Buch ab. So kann aus einem einstigen Blogartikel eine dreiteilige Reportage-Reihe auf Blogs werden. Und ich nutze die Vielfalt an technischen Möglichkeiten, um Themen an den Blogger zu bringen – sei es über Live-Chats oder Live-Lesungen auf dem Blog. Daneben spielen natürlich auch Offline-Events wie Blogger Meet&Greets im kleinen Kreis oder Bloggertreffen im großen Kreis eine Rolle.

Wenn Sie ein Buch haben, das dazu einlädt, das Thema noch spielerischer auf Blogs zu platzieren, nutzen Sie es! Kreieren Sie unvergessliche Aktionen gemeinsam mit Bloggern und Sie werden aus der Masse herausstechen.

Rezensionsmanagement

Neben Titel, Cover, Preis und Klappentext sind beim Online-Bücherkauf vor allem Rezensionen – so genannte Leserbewertungen – entscheidend. Wir alle schauen vor dem Kauf eines Produktes auf die Bewertungen derer, die es bereits zuvor gekauft haben. Rezensionen sind deshalb ein wichtiger Bestandteil für oder gegen einen Kauf des Buches. Rezensionen können heute überall gepostet werden – ob auf Online-Shops wie „Thalia.de" und „Buecher.de", auf Leseplattformen wie LovelyBooks, Was liest du? oder Buchplattfomen wie Leserkanone. Überall wird heute über Bücher gesprochen und die eigene Meinung über ein Buch offen kundgetan.

Tatsächlich ist das Rezensionsmanagement keine passive Angelegenheit. Wenn Sie bereits ein bekannter Autor sind, werden Sie automatisch viele Rezensionen erhalten, denn die Reichweite Ihres Buches ist ohne viel Zutun hoch. Bis dahin können Sie einiges tun, um neue Rezensionen generieren. Wie das geht, zeige ich Ihnen in diesem Kapitel. Bevor wir dazu kommen, möchte ich aber zuvor noch auf das Rezensionssystem von Amazon eingehen. Schließlich ist Amazon der größte Online-Shop für Bücher in Deutschland und in Sachen Rezensionen sehr gut aufgestellt.

Amazon wandelt sein Rezensionssystem gelegentlich und ohne Ankündigung ab – sollten diese Angaben also nicht mehr zu 100% stimmen, wenn Sie dieses Buch lesen, kann es sein, dass Amazon wieder Änderungen vorgenommen hat.

Amazon hat 2015 sein Rezensionssystem umgestellt[43]:

Es zählen nun
- die Aktualität der Rezension – eine neue hat mehr Gewicht als eine ältere,
- ob die Rezension von einer Person eingestellt wurde, die als „verifizierter Kauf" deklariert ist,
- die „Hilfreich"-Klicks.

Damit möchte Amazon dem Käufer eine faire Bewertungssituation schaffen. Für den Autor hat das Vor- und Nachteile: Positiv ist, dass negative Rezensionen, die älter sind, nicht so sehr ins Gewicht fallen wie neue, positive Bewertungen. Die „Hilfreich"-Klicks sind ein zweischneidiges Schwert: Einerseits öffnen sie Tür und Tor für neidische Konkurrenten, die gute Bücher „runterbewerten" wollen. Dieses Verhalten ist unsportlich – und verdeutlicht die Schwachstelle im Rezensionssystem von Amazon. Für den Autor hat die „Hilfreich"- und „Nicht hilfreich"-Auswahl jedoch auch Vorteile. Wurde das eigene Buch beispielsweise von einer Person unfair zerrissen, während die anderen Bewertungen alle klar die Qualität des Buches „beweisen", hat er dadurch die Möglichkeit, seine guten Bewertungen nach vorne zu bringen. Denn die Bewertungen mit den meisten „Hilfreich"-Klicks werden auch als erstes angezeigt.

Und noch eine positive Auswirkung hat das Ganze: Oft werden eher negative Bewertungen als „hilfreich" deklariert. Damit wäre in der Vergangenheit die negative Bewertung noch verstärkt worden. Jetzt ist es so, dass jeder „Hilfreich"-Klick ebenfalls in die Bewertung mit einfließt und es somit dem Ranking des Buches zugutekommt. Also können Autoren mit einzelnen negativen Bewertungen ein wenig aufatmen: Auch sie haben hier ein Instrument, das sie für sich nutzen können.

Laut der Selfpublisherbibel ist sowohl die Anzahl der Rezensionen, als auch der Mittelwert der Bewertungen, kaufentscheidend:

So würden sich Titel mit weniger als zehn Bewertungen und unter einem Mittelwert von 3,8 schlechter verkaufen. Der Durchschnittswert in den Top 1000 liegt bei rund 4,4 Sternen – eine Mischung aus 4- und 5- Sterne-Bewertungen ist also optimal.[44]

Rezensionen generieren – so geht's

Nur wenige Leser schreiben eine Rezension. Sie müssen, gerade wenn Sie mit Ihrer Vermarktung erst am Anfang stehen, regelmäßig neue Rezensionen generieren. Wie – darauf darauf gehe ich jetzt genauer ein.

Manche Autoren bitten als erstes ihre Freunde um eine Rezension. Das können Sie mal machen, sollte sich aber in Grenzen halten. Denn: Amazon löscht Rezensionen, die augenscheinlich eine Gefälligkeit waren. Warum? Weil Freunde gerne übertreiben und überschwänglich positiv formulieren – das merkt Amazon und löscht solche irreführenden Bewertungen. Kommt dies häufiger vor, kann Amazon Ihren Verkäuferaccount sperren und tut es auch. Wurde Ihnen „Unrecht" getan und eine Rezension wurde aus für Sie nicht nachvollziehbarem Grund gelöscht, können Sie sich an den Amazon-Kundendienst wenden und den Grund erfragen.

Wie bei Freunden und Familie sollten auch Bewertungen anderer Autoren nur punktuell gemacht und nicht zum Alltag werden. Jedem ist es frei überlassen, ein anderes Buch zu bewerten, auch als Autor. Übertreiben Sie es aber nicht! Sollte Amazon das Gefühl haben, dass Sie als Autor anderen Autoren Gefälligkeitsbewertungen schreiben, kann dies nämlich ebenfalls gravierende Folgen haben.

Wenn Sie als Autor einen Leser oder Blogger um eine Rezension bitten, steht dahinter kein Zwang – die Person kann sich immer noch dagegen entscheiden. Auch die Bewertung an sich sollte frei und ohne Beeinflussung entstehen. Rezensionen sind das A und O für den Bucherfolg und es gibt unzählige Möglichkeiten, wie Sie neue Rezensionen für Ihr Buch generieren können.

Führen Sie eine Leserunde durch
Das Durchführen von Leserunden (siehe Kapitel Buch- und Leseplattformen) ist der Klassiker, um Rezensionen zu generieren. Leser erhalten hier ein Rezensionsexemplar, lesen auf einer Leseplattform gemeinsam Ihr Buch und am Ende rezensieren sie es. Das ist mittlerweile ein eingespielter Ablauf; die Leser wissen, dass sie als Dankeschön für das Exemplar eine Rezension schreiben sollen.
Natürlich gibt es immer wieder schwarze Schafe. Leser, denen privat etwas dazwischen kommt, die ewig für die Rezension brauchen oder sich nicht richtig an der Leserunde beteiligen. Ein Blick auf das Profil des Lesers kann hier Abhilfe verschaffen: Hier sieht man die Anzahl der Bücher, die er auf der Plattform gelesen hat, als auch die Anzahl der Rezensionen, die er geschrieben hat. Ist die Diskrepanz hier sehr deutlich, z. B. hat die Person mehrere hundert Bücher gelesen, aber nur 5 davon rezensiert, können Sie schon davon ausgehen, dass Sie womöglich keine Rezension bekommen werden.

Aktionen mit Bloggern
Neben Leserunden sind Blogtouren und Blogparaden eine tolle Sache. Hier beschäftigen sich mehrere Blogger über einen festen Zeitraum mit Ihrem Buch – beleuchten es aus unterschiedlichen Perspektiven oder beschäftigen sich mit verschiedenen Fragestellungen. Am Ende steht auch hier eine Rezension, die dann in den sozialen Netzwerken geteilt wird. Sie können Bloggern aber auch unabhängig von größeren Aktionen stets ein Rezensionsexemplar anbieten. (Siehe Kapitel „Blogger-Relations für Autoren").

Buchplattformen nutzen
Es gibt Bücherplattformen, auf denen sich Leser direkt für ein Rezensionsexemplar bewerben können, z. B. „Blogg dein Buch", „vorablesen" oder „rezi-suche". Hier vergeben Sie eine gewisse Anzahl an Rezensionsexemplaren, für die sich Leser und Blogger bewerben können. Mit dem Gewinn eines Exemplars sind sie verpflichtet, eine Rezension innerhalb eines bestimmten Zeitraums zu schreiben.

Gründen Sie ein Rezensenten-Team
Rufen Sie ein Rezensenten- oder Autoren-Team ins Leben, dem Ihre treusten Leser und Blogger angehören. Ihnen können Sie Mitspracherecht einräumen, sie z. B. als Testleser einspannen, sie bei Titel und Buchcover um ihre Einschätzung bitten, oder ihnen gar das Buch schon vor der Veröffentlichung zum Lesen geben.

Stammleser einbinden
Treue Stamm-Rezensenten sind Gold wert. Bedanken Sie sich für ihre Treue mit einem (signierten) Exemplar Ihres neuen Buches.

Rezensenten ähnlicher Bücher ansprechen
Behalten Sie Autoren Ihres Genres im Auge, die ähnliche Bücher schreiben. Deren Rezensenten könnten sich auch für Ihr Buch interessieren. Bedenken Sie, dass Sie hier womöglich auch auf Kritik stoßen werden, wenn Sie die Person einfach anschreiben. Deshalb ist diese Form des Rezensentenmanagements eher eine Notlösung.

Amazon Top-Rezensenten
Wussten Sie, dass Sie auf Amazon einen Überblick über die Top-Rezensenten bekommen können? Gehen Sie dazu auf

http://www.amazon.de/review/top-reviewers und klicken Sie sich durch die Listen. Finden Sie heraus, wer Bücher aus Ihrem Genre liest und kontaktieren Sie den Rezensenten. Achten Sie dabei auch auf die Höhe der Bewertungen – vergibt die Person oft 1- bis 3-Sterne-Rezensionen? Dann lieber Finger weg.
Keine Scheu, diese Rezensenten lesen gern und viel, auch um ganz vorne in der Top-Liste zu sein. Sie freuen sich daher sehr, wenn Sie ihnen ein kostenloses E-Book oder Taschenbuch anbieten.

Der Kauf von Rezensentenlisten
Rezensionen kaufen ist illegal – davon sollten Sie immer Abstand nehmen. Wenn Sie aber nun nicht selbst die Rezensionen anderer Autoren in stundenlanger Suche durchforsten wollen, kann Ihnen das ein Service abnehmen, z. B. „Bookrazor.com". Sie geben der Plattform Informationen über Ihr Buch, Genre, Wettbewerb und diese stellt für Sie eine Liste mit Rezensenten zusammen. Gezahlt wird pro Adresse. Die Adressen anschreiben müssen Sie immer noch selbst und Sie haben keinen Anspruch auf eine Zusage. Es ist klar, dass von allen angeschriebenen Personen nur ein Bruchteil antwortet und das Buch auch tatsächlich rezensieren wird.

In welchem Maße Rezensionen direkten Einfluss auf die Buchverkäufe haben, lässt sich schwer nachweisen. Klar ist, dass Bücher, die gar nicht oder nur wenig rezensiert werden, niemals zum Bestseller werden.
Jede Rezension ist eine neue Empfehlung. Und da jeder anders schreibt, kann die eine Bewertung den einen Leser ansprechen und die andere einen anderen. Fokussieren Sie sich erstes darauf, Bewertungen bei Amazon zu erhalten. Dann können Sie sich auf den nächsten Schritt konzentrieren: Gehen Sie die Blog-Rezensionen an oder sorgen Sie dafür, dass auch in den anderen

Online-Shops (sofern Ihr Buch dort erhältlich ist) und auf Leseplattformen Rezensionen stehen.
Es gibt noch keinen Hinweis darauf, dass eine bestimmte Anzahl von Rezensionen ein Buch auf ein gewisses Ranking hebt. Dennoch sollten Bücher so viele Rezensionen wie möglich haben. Ein Buch mit 10 oder 15 Rezensionen wird niemanden vom Sofa holen. Ich strebe stets eine Anzahl ab 40-50 Rezensionen pro Buch an, die über die Zeit weiter stetig steigt.

Planen Sie Ihre Aktivitäten so, dass schon bei Neuveröffentlichung und direkt in der Zeit danach viele neue Rezensionen entstehen, damit Ihr Buch einen guten Start hat. Nach einigen Wochen sollte das Buch dann überall mit guten Bewertungen präsent sein.

Bezahlte Rezensionen

Ein Wort zu bezahlten Rezensionen: Ich lehne diese Vorgehensweise komplett ab. Sie ist unseriös, unauthentisch und macht Ihnen weder Freude, noch generiert sie Bewertungen, die Sie in Ihrem Schaffen weiterbringen oder das Vertrauen Ihrer Leser in Sie stärken.
Kann der Rezensent überhaupt noch objektiv sein, wenn ihm jemand Geld für seine Worte bezahlt? Wie glaubwürdig ist das für die Leser, wenn sie sehen, dass der Autor für einen Beitrag bezahlt hat? Für Rezensionen Geld zu bezahlen, ist schlichtweg gekaufte Werbung. Hier bestimmen Sie, was Sie lesen, sehen oder hören möchten – es stellt dann keine freie Meinung mehr dar.

In jedem Fall gilt, dass bezahlte Werbung in Deutschland als solche gekennzeichnet sein muss. Es muss für den Käufer ersichtlich sein, wann für einen Beitrag (gleich ob Video, Text oder ein Bild auf Instagram) bezahlt wurde („sponsored post"). Nur so kann er unterscheiden, was wirklich die Meinung des Bloggers, YouTubers oder Users ist und was gekauft wurde.

Auch wenn Sie Rezensionsexemplare an Blogger oder Leser vergeben und daraus Rezensionen entstehen, ist es sinnvoll, dass sie in der Rezension erwähnen, dass sie das Buch kostenlos oder im Rahmen eines Gewinnspiels bekommen haben. So geht Amazon sicher, dass hier keine Beeinflussung stattgefunden hat.

Umgang mit negativen Rezensionen

Sie haben eine Rezension für Ihr Buch erhalten? Und Sie ärgern sich über sie? Dann kann ich Ihnen sagen:
Eine negative Rezension ist nicht immer so schlecht, wie sie im ersten Moment scheint:

- Erhält Ihr Buch nur super Bewertungen, wirkt das unglaubwürdig. Potenzielle Käufer könnten annehmen, dass die Rezensionen von Ihren Freunden geschrieben wurden.
- Bücher, die kontrovers diskutiert werden, verkaufen sich in der Regel besser.
- Sie erhalten Feedback und können Ihr Buch – bei tatsächlichen Fehlern – verbessern.

Die Meinung eines anderen Menschen können wir ihm nicht nehmen. Wir können einen Leser nicht zwingen, unser Buch zu mögen. Haben Sie nur einen Stern erhalten, während andere Leser stets 4 oder 5 Sterne vergeben, machen Sie sich keine Gedanken. Einzelne Querschläger wird es immer geben, mit ihnen muss man rechnen.

Was aber, wenn die Bewertung völlig unverständlich erscheint? Nun, auf Amazon wird die Identität des Wertenden nicht preisgegeben. Sie könnten lediglich mit einem öffentlichen Kommentar antworten, wovon ich Ihnen abrate. Kennen Sie die Person, weil Sie mit ihr auf Facebook verknüpft sind oder sie in Ihrer Leserunde beteiligt war, können Sie das Gespräch suchen. Aber wirklich nur, wenn Sie nicht emotional aufgewühlt sind. Finden Sie heraus, was genau hinter der schlechten Bewertung steckt. Vielleicht gibt es Ihnen Aufschluss, was Sie im nächsten Buch besser machen können.

Legen Sie nicht alles auf die Goldwaage, was Leser sagen: Denn manchmal ist ihr Verhalten paradox – während die Leser bei einigen Autoren zahlreiche Rechtschreibfehler verzeihen, melden sie sich bei anderen Autoren beim ersten und möglicherweise einzigen Fehler, der im Buch zu finden ist. Meist hat das mit der Leserstruktur zu tun. Je älter und anspruchsvoller Ihre Leser sind, desto weniger verzeihen sie Rechtschreibfehler, Wortdreher und andere Fauxpas. Auch machen Leser das nur, wenn sie das Gefühl haben, dass sie ehrlich sein dürfen – und das ist ein großer Vertrauensbeweis. Freuen Sie sich also, wenn jemand so aufmerksam liest und sich die Mühe macht, Ihnen einen Hinweis zu geben – diese Person vertraut Ihnen!

Solange Rezensionen Aspekte aufzeigen, an denen Sie wachsen können, versuchen Sie diese für sich anzunehmen.
Sind Rezensionen jedoch merklich feindselig, persönlich beleidigend o. ä., überlegen Sie sich, ob Sie wirklich die Energie aufwenden möchten, um sich mit dieser Person auseinanderzusetzen. Diese Menschen werden ihre Meinung nicht ändern, egal was Sie tun.

Um negative Rezensionen im Rahmen zu halten, können Sie einiges tun: Schreiben Sie ein gutes Buch! Lassen Sie Ihr Buch unbedingt durch ein Lektorat und Korrektorat gehen! Und nein: Nicht

Ihre Freundin oder Mutter kann Ihr Buch korrigieren und auch nicht Ihre Deutschlehrerin – ein Lektor achtet auf so viele Dinge, da kann ein Laie nicht mithalten. Dies ist – ebenso wie das Selbstbasteln des Covers – ein absolutes No-Go.

Erhöhen Sie den Anteil positiver Rezensionen – bei 100 Rezensionen sind 2–3 Querschläger kein Problem, sondern eher gut. Ein Projekt kann niemals allen gefallen!

Suchen Sie den Kontakt zu Ihren Lesern, je besser Sie sie kennen, desto mehr wissen Sie, was sie gerne lesen und welche Aspekte ihnen wichtig sind. Zeigen Sie ihnen, dass Sie sich für ihre Meinung interessieren – Sie werden sehen, dass von Ihren treuen Lesern dann so gut wie keine schlechten Bewertungen geschrieben werden.

Stammt die Rezension aus der Feder einer Person aus Ihrer E-Mail-Liste oder gar aus Ihrem Rezensententeam, identifizieren Sie sie, suchen Sie das Gespräch und streichen Sie sie gegebenenfalls von Ihrer Liste.

Kritik von Buch-Bloggern

Blogger haben einen Sonderstatus als Leser – denn sie sind in der Lage, Ihren Ruf bei Lesern und anderen Bloggern sehr schnell zu zerstören. Legen Sie sich mit Bloggern nicht an. Niemals. Denn das kann Wellen schlagen, die Ihnen noch Jahre nachhängen. Aus dem Internet sind Dinge nicht mehr wegzukriegen. Deshalb sollten Sie es tunlichst vermeiden, im Internet mit Multiplikatoren jeglicher Art zu streiten.

Sollte ein Blogger Ihr Buch bereits verrissen haben und er zahlreiche „Anhänger" in Form anderer Blogger oder Leser haben, die sich womöglich mit Kommentaren zu Wort melden und sie bestärken, können Sie neutral das Gespräch suchen, Fragen beantworten und die Kritik an- und ernst nehmen. Sie können auch versuchen, die anderen Leser von Ihrem Buch zu überzeugen. Zeigen Sie sich offen und großzügig und schicken Sie jedem ein Buch. Machen Sie dies aber bitte nur, wenn die Kritik völlig ungerechtfertigt ist – es ist nämlich möglich, dass auch diese Leser die angesprochenen Punkte benennen und Ihr Buch entsprechend schlecht bewerten. Sind Sie von der Qualität Ihres Buches jedoch überzeugt, können Sie um weitere Einschätzung bitten und so möglicherweise die negative Bewertung entkräften.

Zusammenfassung

Auch wenn nicht bewiesen ist, dass Rezensionen direkte Auswirkungen auf das Ranking auf Amazon haben und Buchverkäufe erhöhen, so sind sie ein wichtiger Bestandteil bei der Kaufentscheidung. Rezensionen sind mindestens genauso wichtig wie das Buchcover, der Titel und der Klappentext. Überzeugen sie, wird genauer hingesehen. Und um sich ein besseres Bild davon zu machen, ob das Buch etwas für einen sein könnte, geht die Aufmerksamkeit zu den Bewertungen. Wie Sie sicherlich von sich selbst kennen, achten Leser vor allem auf schlechte Bewertungen – sie vermitteln eine ehrlichere Aussage. Positiven Aussagen traut man nicht so recht. Es hat sich gezeigt, dass ein Durchschnittswert von 4,5 Sternen optimal ist – also eben nicht die glatten 5 Sterne. Wird Ihr Buch auch einmal kontrovers diskutiert und bewertet, ist das nur authentisch und gibt Ihnen Glaubwürdigkeit.

Dass Sie selbst viel tun können, um neue Rezensionen zu generieren und sich eine Leserschaft aufzubauen, von der Sie sichere positive Bewertungen erhalten, habe ich Ihnen in diesem Kapitel aufgezeigt. Mit dem richtigen Rezensionsmanagement bleibt Ihr Buch stets im Gespräch – dann folgen auch die Buchverkäufe.

Lesungen und Online-Lesungen

Als Autor stellt man sich natürlich die Frage: „Soll ich Lesungen abhalten oder nicht?" Es gibt tatsächlich Autoren, für die Lesungen eine wesentliche Säule ihres Lebensunterhaltes darstellen. Generell bringen Lesungen vor allem eines – Spaß. Der Kontakt mit den eigenen Lesern, zuhören, nachfragen, austauschen, seine Leser persönlich kennenlernen – das sind die Dinge, die Autoren stark motivieren. Anerkennung ist ein ganz wesentlicher Faktor, um für das nächste und übernächste Buch motiviert zu bleiben. Denn wer schreibt, möchte auch gelesen werden. Die Möglichkeit, eine Lesung in einer Buchhandlung zu halten, ist weitaus geringer als früher. Aber wir wären ja nicht im Zeitalter des Internets, wenn es auch hierfür nicht tolle Alternativen gäbe. Einige werde ich Ihnen hier vorstellen.

Vor Ort lesen

Die Realität, was Lesungen in Buchhandlungen angeht, ist bisweilen sehr ernüchternd. Gerade Selfpublisher haben es schwer, dort Lesungstermine zu ergattern – und wenn, wird meist erwartet, dass sie kostenlos lesen. Buchhandlungen, die Lesungen anbieten, sind sowieso eher Einzelfälle. Und wenn, werden Verlagsautoren ausgesucht, die schon einen relativen Bekanntheitsgrad erreicht haben. Manche Verlage vermitteln ihren Autoren Lesungen in Buchhandlungen. Aber auch Verlagsautoren können trotzdem zusätzlich noch einiges tun. Die Schritte sind – egal ob Sie Selfpublisher oder Verlagsautor sind – die gleichen. Es gilt als erstes herauszufinden, welche Buchhandlungen überhaupt Lesungen durchführen und in welchem Genre. So gibt es

Buchhandlungen, die gerne Krimi-Lesungen machen oder zu Lesungen mit Reiseberichten einladen. Aber auch Belletristik oder Ratgeber sind für Lesungen geeignet. Wichtig ist hier einerseits die Qualität des Buches (kann es vom Cover und Inhalt den Buchhändler überzeugen?) und welches Programm Sie der Buchhandlung oder jeder anderen Lese-Location anbieten. Einfach nur eine Lesung abzuhalten, ist zu langweilig und wird niemanden von der Couch holen. Kreieren Sie ein Leseprogramm, das überzeugt!

Sollten Sie bei Buchhandlungen nicht den gewünschten Erfolg haben – kein Problem: Buchhandlungen sind nicht die einzige Möglichkeit, Lesungen durchzuführen. Sie sind sogar wenig lukrativ, da sie meist wenig Platz bieten, nicht honoriert werden und es für unbekannte Autoren schwer ist, Menschen zum Kommen zu bewegen. Dazu haben Buchhandlungen meist weder das Marketingbudget, noch die Zeit, eine Lesung groß zu bewerben. Deshalb sorgen Sie immer selbst für Ihr Marketing! Legen Sie Flyer aus, lassen Sie Plakate drucken und promoten Sie den Termin in den sozialen Netzwerken und in der Lokalpresse.

Künstlercafés, Lesecafés, Kneipen oder Kultureinrichtungen sind hier weitaus aufgeschlossener – auch für Selfpublisher. Als Autor von Ratgebern können Sie prinzipiell überall lesen, z. B. in Kliniken, auf Tagungen, Symposien, auf Workshops, Branchentreffen usw.

Bei Krimis oder historischen Romanen sind Burgen, Weinkeller, Leichenhallen oder Polizeireviere spannend.

Ideen, wo Sie Lesungen abhalten könnten, finden Sie – in Ihrem Buch! So ist es bei Regionalromanen oder Regionalkrimis fast schon ein Muss, Lesungen an den Original-Schauplätzen zu organisieren.

Aber auch typische Ziele vieler Touristen könnten spannend für eine Lesung sein. Ob Sie in Frankfurt im Ebbelwei Express lesen oder mit biblischen Geschichten in einem Gemeindehaus auftreten – fragen Sie sich, wie Sie Ihren Gästen einen unvergesslichen Abend bereiten können.

Das Honorar

Nach der Kontaktaufnahme mit dem Besitzer des Leseorts geht es um die Konditionen. Ein durchschnittliches Honorar für Lesungen liegt bei etwa 250 Euro zzgl. Anfahrts- und Übernachtungskosten.
Lassen Sie sich nicht herunterhandeln, auch Künstler müssen von etwas leben. Wer prinzipiell nichts bezahlen will, bei dem gilt es individuell zu entscheiden, ob die Lesung Ihnen etwas bringt oder nicht. Draufzahlen sollten Sie nicht – z. B. mehrere hundert Euro für eine Location aus eigener Tasche bezahlen. Das rechnet sich nicht!
Wenn Sie hingegen auf einer Tagung mit mehreren hundert Gästen lesen können – aber kostenlos –, können Sie durch den Buchverkauf die Gage hereinholen. In kleineren Cafés ist es normal, dass ein Hut für den Autor herumgeht. Wenn sie ein zusätzliches Programm bieten, z. B. ein Dinner, können Sie über den Ticketverkauf Geld für Location, Dinner und das eigene Honorar einnehmen.

Eine Lesung durchführen

- Machen Sie sich vorab einen genauen Plan, was Sie wie lesen möchten – wo Sie Pausen machen möchten, wann Gäste Fragen stellen können.
- Wenn Sie noch nicht gelesen haben, üben Sie vorher mehrfach.

- Achten Sie in Ihrer Planung auf ausreichend Pausen: Nach spätestens einer halben Stunde sollten Sie eine kleine Pause einlegen (5–10 Minuten).
- Lesen Sie langsam, laut und deutlich. Machen Sie Atempausen.
- Bringen Sie genügend Bücher und Stifte zum Signieren mit. Überlegen Sie sich, wie Sie signieren wollen. Wollen Sie nur Ihren Namen schreiben oder auch einen Dank, Gruß oder Wunsch?
- Tauschen Sie sich persönlich mit Ihren Gästen aus und lernen Sie sie kennen. Laden Sie sie auf eine kommende Veranstaltung ein und bleiben sie in Kontakt (E-Mail-Adresse einsammeln für den Newsletter, sich auf Facebook verlinken).
- Lesen Sie lieber wenige längere Szenen als viele kurze – damit die Gäste der Handlung folgen können.
- Beenden Sie die Lesung an einem spannenden Punkt, schließlich gibt es anschließend die Möglichkeit, das Buch käuflich zu erwerben und sie signieren zu lassen.

Livestream-Lesungen

Noch nie war lesen so leicht. Sie können „klassisch" auf YouTube einen Lese-Kanal ins Leben rufen und die Videos mit ihrem sozialen Netzwerk teilen. Oder Sie nutzen „Schnulze-TV", ein Angebot der Plattform „Schnulze-der-Woche" für Live-Lesungen auf Facebook. Alternativ können Sie auch eine der neuen Livestream-Apps wie „Periscope" oder „Meerkat" benutzen. Es gibt auch Livestream- und Webinar-Anbieter wie „Crowdcast" und „webinarjam". Auch für Verlage sind solche Livestream-Tools interessant, um Lesern, aber auch dem Handel und Stellenbewerbern, Einblick hinter die Kulissen des Verlages zu geben. Und Sie brauchen dafür nicht einmal Profi-Equipment. Die heutigen Smartphones haben so gute Kameras und Tonqualität, dass Sie problemlos damit aufnehmen können. Wenn Sie eine Livestream-App wie „Periscope" nutzen, können Sie auch andere Momente mit Ihren Zuschauern teilen: Das neue Buch, das gerade per Post kommt, ein Meet&Greet mit Lesern und Bloggern, Ihr Besuch auf der Buchmesse oder das Begleiten der Entwicklung einer neuen Buchreihe – filmen Sie live und lassen Sie Ihre Leser an Ihrem Leben teilhaben! Das Tolle am Livestream ist, dass Sie Ihren Lesern ungeschnitten und authentisch begegnen. Gleichzeitig grenzen Sie sich von anderen Autoren ab, die klassische Marketingwege gehen.

Modernes Buchmarketing impliziert, dass wir neue technische Möglichkeiten für die Verbreitung unserer Botschaften und Produkte nutzen. Dass wir uns immer wieder innerhalb unserer Positionierung neu finden und den Lesern neue, aufregende Inhalte bieten. Häufig unterscheiden sich die Leser, die Sie online treffen, von solchen, die Sie offline treffen. Abhängig von Ihrer Leserstruktur kann es sein, dass die klassischen Lesungen deshalb nicht die Leser ansprechen, die Ihre Bücher am Ende auch kaufen. Wenn Sie beispielsweise ein sehr junges Lesepublikum haben, werden Sie dieses wahrscheinlich nicht mit einem Krimidinner erreichen. Dann können Live-Lesungen die Lösung sein, um Ihre jungen Leser online zu erreichen und ihnen so auf anderem Wege Einblick in Ihr Buch zu gewähren.

Tools im Überblick:
Schnulze-TV: http://www.schnulze-der-woche.de
YouTube: https://www.YouTube.com
Crowdcast: https://www.crowdcast.io
Meerkat: https://meerkatapp.co
Periscope: https://www.periscope.tv
Google Hangout: http://www.google.com
Webinarjam: http://www.webinarjam.net

Zusammenfassung

In Zeiten, in denen Buchhandlungen immer weniger Kapazitäten und Budget haben, ist es für Autoren immer schwerer, Lesungen in eben solchen zu ergattern. Gerade für Selfpublisher ist es schwierig, da Buchhandlungen häufig an der Qualität ihrer Werke zweifeln oder sie die Chance, bekannte Selfpublisher einzuladen, noch nicht so wahrnehmen, wie es möglich wäre. Generell sind Lesungen für Autoren immer noch wichtig – um Nähe zum Leser aufzubauen, für Buchverkäufe und das Honorar, sowie um allgemeine Bekanntheit (regional oder in der Branche) zu erreichen. Damit Autoren Lesungen abhalten können, ist heute Kreativität gefragt. Kreativität hinsichtlich der Lese-Location, sowie hinsichtlich des Leseprogramms. Ob Autoren mit Ihren Lesungen Erfolg haben, hängt einerseits an der Werbung, die sie für Lesungen machen, als auch daran, ob sie mit der Lesung ihre Zielgruppe erreichen.

Meine Empfehlung ist: Bleiben Sie hartnäckig und geduldig, was die Suche nach Lesungen angeht. Werden Sie zu Ihrem eigenen Kreativmanager und kreieren Sie Lesungen, die Sie selbst gerne besuchen würden. Und nutzen Sie alle technischen Möglichkeiten, um Ihre Leser online und offline mit Lesungen zu erreichen. Dann steht Ihrem Erfolg mit Lesungen nichts mehr im Wege.

Bringen Sie Ihr Buch in die Presse

Jeder Autor möchte sich gerne mit seinem Buch in der Presse sehen. Sie auch? Dann sind Sie nicht alleine mit diesem Wunsch. Häufig existieren jedoch falsche Vorstellungen vom Einfluss von Zeitungsartikeln für reale Buchverkäufe. Es wird angenommen, dass ein Artikel in einer bekannten Zeitung die Buchverkäufe erheblich steigert. Das ist falsch – leider. Eine solche Berichterstattung dient lediglich einer Sache: Ihrer Reputation. Also zur Steigerung Ihres Bekanntheitsgrades allgemein. Dies wird sich in Summe – also bei regelmäßigen Veröffentlichungen in Zeitungen, Radio und TV – natürlich auf Ihre Buchverkäufe auswirken. Aber nicht bei einzelnen Beiträgen.

Dennoch haben viele den Wunsch, dass über sie berichtet oder das Buch vorgestellt wird. Deshalb möchte ich Ihnen jetzt vermitteln, was Sie tun können, um Ihr Buch in die Presse zu bringen.

Erst einmal eine gute Nachricht: Es gibt nicht nur die 3–5 bekannten Zeitungen, die Ihnen vielleicht vorschweben: Es gibt unzählige Lokalzeitungen, Literatursendungen in TV und Radio, Feuilletons und Publikumsmedien, die über Ihr Buch berichten können.

Finden Sie im ersten Schritt die interessanten Medien für Ihr Buch. Denn es bringt – gerade für den Verkaufserfolg – gar nichts, wenn Sie sich Monate abstrampeln, um in einer Literatursendung sichtbar zu sein, wenn Ihre Zielgruppe diese Sendungen gar nicht anschaut oder die Zeitung/das Magazin gar nicht liest.

Überlegen Sie sich als Nächstes einen Aufhänger, eine Geschichte, einen Bezug zum Medium (in einer regionalen Tageszeitung z. B. den regionalen Bezug in Ihrem Buch) oder einen Anlass (z. B. eine Lesung in Ihrem Ort – dann ist es für die Stadtteilzeitung spannend). Haben Sie eine weibliche Zielgruppe, kommen natürlich Frauenzeitschriften in Betracht.

Beginnen Sie mit der Lokalpresse in Ihrem Wohnort. Diese sucht immer Geschichten aus der Region, besondere Erfolgsstorys oder Berichte über spannende Personen – fragen Sie sich, warum Sie für die Lokalzeitung interessant sein könnten. Ein Buch geschrieben zu haben, ist alleine noch keine Geschichte. Für die Lokalpresse kann der Aufhänger zum Beispiel ein Anlass sein, wie eine Lesung oder ein besonderes Event, zu dem Sie Journalisten einladen können. Termine für Lesungen und Berichte sind leichter zu platzieren als eine Pressemitteilung.

Erstellen Sie ein Pressepaket mit folgenden Inhalten: Einem professionellen Bild in Druckqualität (300 dpi), einem Autorenporträt mit Informationen zu sich, sowie Links zu Ihrer Autorenwebsite, Facebook und Amazon. Fügen Sie ebenfalls eine Buchbeschreibung bei, in das Sie das Buchcover und den Link zu einer Leseprobe oder Auszüge integrieren. Das Buchcover gehört ebenfalls in Druckqualität ins Pressepaket. Stellen Sie das Pressepaket sowohl auf Ihrer Website zum Download bereit, als auch als zip-Datei zum Versenden per E-Mail.

Identifizieren Sie nun die relevanten Journalisten. Kulturredakteure, Lokalredakteure, TV- und Radiojournalisten. Lesen Sie dazu mehr im folgenden Abschnitt.

Der Presseverteiler

Bevor Sie eine Pressemitteilung verschicken oder Journalisten direkt ansprechen, erstellen Sie sich einen Presseverteiler oder nutzen Sie einen Pressedienst wie „Zimpel". Diese stellen Ihnen – allerdings für einige hundert Euro – einen Presseverteiler zusammen.

Beginnen Sie damit, die Medien aus Ihrem lokalen Umfeld in den Verteiler aufzunehmen. Tageszeitung, Stadtteilzeitung, das Fachblättchen Ihrer Stadt und regionale Radiosendungen.

Diesen Verteiler können Sie immer weiter ausbauen, je nach Genre die entsprechenden Medien hinzufügen. Beachten Sie, dass viele Journalisten nicht im Impressum der Zeitungen stehen und es wenig sinnvoll ist, die allgemeine E-Mail-Adresse zu verwenden. Rufen Sie lieber an und erkundigen sich am Empfang oder in der entsprechenden Redaktion nach dem richtigen Ansprechpartner. Die Journalisten können Sie zwar auch direkt anrufen, das mögen sie aber nicht so gerne – hier ist aber auch das Medium entscheidend. Je bekannter, desto weniger Zeit haben die Journalisten, um mit Ihnen zu telefonieren. Eine Lokalzeitung freut sich hingegen bestimmt, wenn Sie sich bei ihr melden und sie z. B. zu einer Lesung einladen.

Führen Sie Buch über Ihre Kontakte, wann Sie welche Person kontaktiert und wem Sie welche Materialien zugeschickt haben. So können Sie Journalisten nicht versehentlich zweimal die gleichen Unterlagen schicken, oder Sie mit zu häufigen Anfragen nerven.

Die Pressemitteilung

Eine Pressemitteilung gliedert sich in mehrere Bereiche und hat einen vorgeschriebenen Aufbau. Es gibt ein paar Regeln, die zu beachten sind:

1. Eine Pressemitteilung sollte zwischen 1.500 und 2.500 Zeichen (mit Leerzeichen) umfassen.
2. Bauen Sie Zwischenüberschriften und Absätze ein, um die Lesbarkeit zu erleichtern und wichtige Aspekte schneller zu erfassen.
3. Verfassen Sie einen Titel, der neugierig macht (kein „Autor XY veröffentlicht Buch"). Je nach Genre und Thema kann es ein gutes Zitat von Ihnen sein oder ein spannender Aspekt

des Buches. Schreiben Sie regionale Romane oder Krimis, sollte dieser Aspekt unbedingt aus dem Titel ersichtlich sein.
4. Nach dem Titel kommt der so genannte „Lead": Datum, Ort und das Intro, also eine kurze Zusammenfassung der gesamten Pressemitteilung. Diese muss die wichtigsten Botschaften und das „worum es geht" beinhalten. Markieren Sie den Lead „fett" und setzen Sie ihn als Absatz vom Rest des Textes ab.
5. Nach dem Lead beginnt die eigentliche Pressemitteilung. Beginnen Sie spannend absteigend, das heißt, die wichtigsten Botschaften zuerst, denn viele Journalisten lesen nicht bis zum Ende. Integrieren Sie Zitate von sich, die das Thema des Buches gut widerspiegeln. Vermeiden Sie langatmige Zitate aus Ihrem Buch – der Journalist soll nicht gleich Ihr Buch lesen, sondern Sie sollen ihm in wenigen Zeilen vermitteln, worum es geht. Schreiben Sie stets in der 3. Person – als würde Ihr Verleger über Sie schreiben.
6. Beenden Sie die Pressemitteilung mit Daten über sich: Einer Autorenbeschreibung, der URL zu Ihrer Website und zu Amazon, dem Link zum Herunterladen des Pressepaketes und Ihren Kontaktdaten.
7. Verschicken Sie die Pressemitteilung als E-Mail und setzen Sie den Text einmal direkt in die E-Mail und fügen Sie sie zusätzlich als pdf-Datei im Anhang hinzu. Hängen Sie Ihr Porträtbild, das Coverbild Ihres Buches und eventuell noch eine kurze Leseprobe im Umfang von 1–3 Seiten als pdf-Datei an.

Zusammenfassung

Auch Sie können es mit Ihrem Buch in die Medien schaffen. Sei es in Buchrezensionen, Interviews oder Artikeln. Es kommt auf das Thema des Buches, die Bekanntheit des Autors und das richtige Vorgehen an, ob das Buch einen Redakteur überzeugen kann. Wenn Sie den passenden Ansprechpartner identifizieren, haben Sie schon den wichtigsten Schritt getan. Denn häufig versanden Pressemitteilungen oder Anfragen im allgemeinen E-Mail-Posteingang der Zeitung – das ist ungefähr so, als würden Sie eine Nadel im Heuhaufen verstecken und wollen, dass sie von anderen gefunden wird. Bleiben Sie bei Ihrer Pressearbeit realistisch, aber seien Sie dennoch mutig und selbstbewusst. Pressearbeit bedeutet nicht, Ihr Produkt zu verkaufen, sondern sich selbst.

Fazit

Ein Buch zu veröffentlichen ist ein großes Abenteuer, egal ob Sie es selbst oder über einen Verlag veröffentlicht haben. Viele Monate, gar Jahre, haben Sie an der Geschichte, Ihren Protagonisten, Dialogen und dem Titel gefeilt. Nun gilt es, mit der Veröffentlichung nicht den Atem zu verlieren, sondern die Ärmel hochzukrempeln und Ihrem Buch die Vermarktung zukommen zu lassen und die Bühne zu bauen, die Ihre Arbeit verdient.

Mit diesem Buch haben Sie nun die notwendigen Schritte und Anleitungen an der Hand, um die Vermarktung Ihres Buches anzugehen. Es bildet lediglich einen theoretischen und in der Praxis erprobten Rahmen – diesen mit Ihrer Individualität, Ihrem Genre und Ihrem Werk zu einem Gemälde zu formen, ist Ihnen überlassen. Dabei müssen Sie nicht perfekt sein, vielmehr ist Kreativität und Authentizität gefragt. Deshalb mein Plädoyer an Sie: Leben Sie sich im Marketing aus, zeigen Sie sich, machen Sie sich sichtbar, fangen Sie jetzt an, große Brötchen zu backen. Tragen Sie Ihr Buch in die Welt. Wir wünschen Ihnen viel Spaß und vor allem Erfolg bei Ihrem Buchmarketing!

Ihre Agentur mainwunder

Interessante Links und Tools

Informationen für Selfpublisher
http://www.mainwunder.de/blog
http://www.ebokks.de/blog
http://www.indie-publishing.de
http://www.autorenwelt.de
http://karinfutschik.blogspot.de (Der INDIE)
http://www.selfpublisherbibel.de

Amazon
https://authorcentral.amazon.de

Autoren-Website
https://wordpress.org
http://www.themeforest.net
http://www.opensiteexplorer.org
http://jetpack.me
http://www.yumpu.com/de
https://yoast.com/WordPress/Plugins/seo
https://WordPress.org/Plugins/per-page-sidebars
https://developers.google.com/structured-data/testing-tool

Keyword-Optimierung
https://adwords.google.com
http://www.kdspy.com

Newsletter
http://www.mailchimp.com

Bildbearbeitung
http://www.canva.com

Lese- und Buchplattformen
http://www.vorablesen.de
http://www.lovelybooks.de
http://www.wasliestdu.de
http://www.goodreads.com
http://www.whatchareadin.de
http://www.rezi-suche.de
http://www.schnulze-der-woche.de
http://www.bloggdeinbuch.de
http://www.zehnseiten.de

Gewinnspiele – Tools zum Auslosen:
Für Gewinnauslosungen allgemein:
http://tools.superanton.de/gewinnspiel-ausloser.html
Für Twitter:
http://giveawaytool.com
Für Facebook:
http://www.fanpagekarma.com/facebook-promotion

Umfragen
http://www.typeform.com
Für Facebook:
https://apps.facebook.com/meine-umfragen

Buchquiz
Tool für WordPress:
https://wordpress.org/plugins/wp-pro-quiz/screenshots

Photocontest
Tool für WordPress:
http://wp-vote.net
App für Facebook:
https://woobox.com/photocontests
App für Facebook:
https://www.facebook.com/PhotoContestApp

Giveaway Gewinnspiel
App für Facebook:
https://www.facebook.com/ezgive

Fan-Apps
Fan of the week:
https://apps.facebook.com/fanofthe
Bookshaka:
https://www.booshaka.com

Quellen- und Literaturverzeichnis

1. Gabler Wirtschaftslexikon, Begriff „Virtual Community".
2. LovelyBooks Mediadaten 2016.
3. Büchereule ‹http://www.buechereule.de›.
4. Literaturschock ‹http://www.literaturschock.de/literaturforum›.
5. Krimi-Couch ‹http://forum.krimi-couch.de›.
6. Ruisiniger/Jorzik: Public Relations 2013, S. 71.
7. Schmidbauer/Knödler-Bunte: Das Kommunikationskonzept 2004, S. 130.
8. Schmidbauer/Knödler-Bunte: Das Kommunikationskonzept 2004, S. 130.
9. Schmidbauer/Knödler-Bunte: Das Kommunikationskonzept 2004, S. 130 ff.
10. Emma Wagner: ‹http://www.emma-wagner.de/emma›.
11. Kindle Spy ‹http://www.kdspy.com›.
12. Wenn Sie über Kindle Direct Publishing von Amazon veröffentlichen, können Sie Ihre Pseudonyme einfach in das Feld „Autor" eintragen. Dies ist unabhängig vom Author Central, dass das Backend der Autorenseite auf Amazon darstellt.
13. Amazon ‹https://authorcentral.amazon.de/gp/help?topicID=200649580›.
14. Selfpublisherbibel 2014, ‹http://www.selfpublisherbibel.de/autoren-tipp-wie-sie-die-beste-kategorie-bei-amazon-aussuchen›.

15 Amazon ‹https://kdp.amazon.com/help?moduleId=A3P7F81795P0RA&ref_=kdp_EB_PREORDER_ph›.

16 Papyrus Autoren-Club ‹http://www.papyrus.de/forum/index.php?t=msg&th=2936&start=0&›.

17 Maildrop24 ‹http://www.maildrop24.com›.

18 e-recht24 ‹http://www.e-recht24.de/impressum-generator.html›.

19 Plugins sind kleine Miniprogramme, die es für WordPress für alle möglichen Zusatzfunktionen gibt. Sie können Sie leicht installieren und so Ihre Website aufrüsten.

20 Die Meta-Description ist der Text, der beim Teilen des Beitrags auf Facebook unter dem Bild angezeigt wird. Außerdem erscheint dieser, wenn Ihr Beitrag bei der Google-Suche gefunden wird unter der Überschrift. Sie ist deshalb sehr wichtig, da sie dem User auf einen Blick vermittelt, worum es im Beitrag geht und ob er ihn liest.

21 Facebook Page Plugin ‹https://wordpress.org/plugins/ultimate-facebook-page-plugin-shortcode›.

22 Anleitung und Überblick über Verifizierungsmöglichkeiten ‹https://support.google.com/webmasters/answer/35179?hl=de#verification_details›.

23 Push-Marketing steht für das ständige Penetrieren des Käufers mit Kaufanreizen, siehe Grabs, Anne/Bannour, Karim-Patrick: Follow me! Galileo Computing 2011, S. 34.

24 Der Begriff Content steht für die Inhalte, die für Social Media entwickelt werden: Texte, Grafiken, Videos.

25 Post Planner ‹http://www.postplanner.com›.

26 Hootsuite ‹https://hootsuite.com/de›.

27 Handelsblatt, 2012, ‹http://www.handelsblatt.com/panorama/kultur-kunstmarkt/keine-passende-uebersetzung-shitstorm-ist-anglizismus-des-jahres/6202522.html›.

28 Beispiel: ‹http://mainwunder.de/feed›.

29 Die Maße für die Bilder auf Facebook ändern sich ständig. Einen Überblick über aktuelle Facebook Bildgrößen finden Sie hier: ‹http://blog.artsupplies.de/facebook-bildgroessen›.

30 Bitly ‹https://bitly.com›.

31 Social Bro ‹http://www.socialbro.com›.

32 Allner, Christian, Socialmediastatistik.de vom 12.10.2015 ‹http://www.socialmediastatistik.de/instagram-hat-400-millionen-aktive-nutzer›.

33 Instagram überholt Twitter – Facebook verliert laut Studie aktive Nutzer vom 11.12.2014 ‹http://www.focus.de/digital/internet/300-millionen-nutzer-fotodienst-instagram-ueberholt-twitter-facebook-verliert-nutzer_id_4338533.html›.

34 Instagram ‹https://www.instagram.com/bc.schiller›.

35 Instagram ‹https://www.instagram.com/autorin.emma.wagner›.

36 IT Recht Kanzlei München 2015: Das Anbieten von Gewinnspielen auf Facebook nach neuen Richtlinien und gesetzlichen Vorgaben, ‹http://www.it-recht-kanzlei.de/gewinnspiele-bei-facebook-teilnahmebedingungen.html#abschnitt_15›.

37 Rechtsanwalt Schwenke 2015, Instagram – Rechtliche Basics zum Impressum, Bilderrechten und Gewinnspielen, ‹http://rechtsanwalt-schwenke.de/instagram-rechtliche-basics-impressum-bilderrechte-gewinnspiele›.

38 Börsenblatt 2014 ‹http://www.boersenblatt.net/artikel-lesercommunity_goodreads_zieht_es_nach_deutschland.684413.html›.

39 LovelyBooks Mediadaten 2016.

40 ‹http://www.goodreads.com/topic/group_folder/-78130?group_id=47399›

41 ‹https://www.goodreads.com/group/bookshelf/47399.Wer_liest_mit_Leserunden_?shelf=read›

42 Der Dank für diese wertvollen Einblicke geht an die Bloggerin Rebecca Humpert und ihren Blog ‹www.beckysworldofbooks.de›.

43 Angaben für eine Umstellung in den USA, für die Umstellung in Deutschland gibt es aber auch schon Hinweise. Selfpublisherbibel2015, ‹http://www.selfpublisherbibel.de/amazon-veraendert-rezensionssystem-auch-fuer-ebooks-zunaechst-in-den-usa›.

44 Selfpublisherbibel 2014, ‹http://www.selfpublisherbibel.de/autoren-tipp-vom-umgang-mit-leser-bewertungen-bei-amazon-co›.